Catequese e Sinodalidade

Dados Internacionais de Catalogação na Publicação (CIP)
(Câmara Brasileira do Livro, SP, Brasil)

Gil, Paulo Cesar
   Catequese e sinodalidade : a pedagogia de Jesus / Paulo Cesar Gil. – Petrópolis, RJ : Vozes, 2023.
   ISBN 978-65-5713-984-4
   1. Catequese – Igreja Católica – Ensino bíblico 2. Educação religiosa 3. Fé (Cristianismo) I. Título.

23-150693   CDD-268.82

Índices para catálogo sistemático:

1. Catequese : Igreja Católica : Cristianismo
268.82

Aline Graziele Benitez – Bibliotecária – CRB-1/3129

Paulo Cesar Gil

CATEQUESE e SINODALIDADE

A pedagogia de Jesus

EDITORA VOZES

Petrópolis

© 2023, Editora Vozes Ltda.
Rua Frei Luís, 100
25689-900 Petrópolis, RJ
www.vozes.com.br
Brasil

Todos os direitos reservados. Nenhuma parte desta obra poderá ser reproduzida ou transmitida por qualquer forma e/ou quaisquer meios (eletrônico ou mecânico, incluindo fotocópia e gravação) ou arquivada em qualquer sistema ou banco de dados sem permissão escrita da editora.

CONSELHO EDITORIAL

Diretor
Volney J. Berkenbrock

Editores
Aline dos Santos Carneiro
Edrian Josué Pasini
Marilac Loraine Oleniki
Welder Lancieri Marchini

Conselheiros
Elói Dionísio Piva
Francisco Morás
Gilberto Gonçalves Garcia
Ludovico Garmus
Teobaldo Heidemann

Secretário executivo
Leonardo A.R.T. dos Santos

Editoração: Editora Vozes
Diagramação: Sheilandre Desenv. Gráfico
Revisão gráfica: Alessandra Karl
Capa: Editora Vozes

ISBN 978-65-5713-984-4

Este livro foi composto e impresso pela Editora Vozes Ltda.

Celebrando 40 anos da publicação do documento
Catequese Renovada em 2023.

O "caminho sinodal" da Igreja despertando nos sujeitos da catequese o empenho para a reflexão, para o diálogo e para a espontaneidade, desde o Concílio até nossos dias, trouxe vivacidade para a ação catequética no Brasil. Nesse caminhar, o Documento 26 da CNBB – Catequese renovada, orientações e conteúdo, publicado em 1983, apresentou princípios, critérios e temas fundamentais para o processo de educação da fé. Foi também em 1983 que iniciei meu comprometimento com a catequese, percorri um caminho longo de interação fé e vida até aqui e guardo muitos ensinamentos de grandes mestres, a quem mantenho eterna gratidão:

(*in memorian*).
Ir. Mary Donzellini
Frei Bernardo Cansi, OFMCap
Pe. Ian Van der Heijden (João Trinta).
Dom Albano Bortoletto Cavallin
Dom Joel Ivo Catapan, SVD
Dom Juventino Kestering
Dom Paulo Evaristo Arns, OFM

Sumário

Siglas, 9

Introdução, 11

1 Um convite de Jesus, 15

Que todos sejam acolhidos!, 17

Que todos sejam fraternos!, 18

Que todos sejam solidários!, 18

Que todos sejam um!, 19

2 Um convite para a Igreja, 21

3 Pistas de sinodalidade para a construção de uma comunidade sinodal, 27

Comunhão, 28

Participação, 51

Missão, 74

Referências, 99

Siglas

AA	Decreto *Apostolicam Actuositatem* – Sobre o Apostolado dos leigos, Paulo VI
AG	Decreto *Ad Gentes* – Sobre a atividade missionária da Igreja, Paulo VI
CIgC	Catecismo da Igreja Católica
DAp	Documento de Aparecida
DC	Diretório para a Catequese
EE	Carta Encíclica *Ecclesia de Eucharistia* – Sobre a Eucaristia na sua relação com a Igreja, João Paulo II
EG	Exortação Apostólica *Evangelii Gaudium* – Sobre o anúncio do Evangelho no mundo atual, Francisco
EN	Exortação Apostólica *Evangelii Nuntiandi* – Sobre a Evangelização no mundo contemporâneo, Paulo VI
ES	Carta Encíclica *Ecclesiam Suam* – Sobre os caminhos da Igreja, Paulo VI
FC	Exortação Apostólica *Familiaris Consortio* – Sobre a função da família cristã no mundo de hoje, João Paulo II
FT	Carta Encíclica *Fratelli Tutti* – Sobre a fraternidade e a amizade social, Francisco
GS	Constituição pastoral *Gaudium et Spes* – Sobre a Igreja no mundo atual, Paulo VI
LG	Constituição Dogmática *Lumen Gentium* – Sobre a Igreja, Paulo VI
MM	Carta Encíclica *Mater et Magistra* – Sobre a recente evolução da questão social à luz da doutrina cristã, João XXIII
NMI	Carta Apostólica *Novo Milennium Ineunte* – No termo do Grande Jubileu do ano 2000, João Paulo II
PDV	Exortação apostólica pós-sinodal *Pastores Dabo Vobis*, João Paulo II

Introdução

Eu te trouxe dos confins da terra, dos recantos mais remotos te chamei; eu te disse: "Tu és meu servo, eu te escolhi, não te rejeitei". Não tenhas medo, pois estou contigo, não olhes apreensivo, pois eu sou teu Deus! Eu te fortaleço, sim, eu te ajudo, eu te sustento com a minha mão vitoriosa (Is 41,9-10).

A pedagogia divina é a pedagogia da fé, do dom, da graça, da ternura e da gratuidade. É um grande e envolvente diálogo entre Deus e seu povo na dinâmica da revelação de seu nome, da sua essência, das suas promessas e do seu rosto. A revelação progressiva da vontade de Deus ressalta a iniciativa divina que se ajusta nas mais diversas situações, na realidade concreta das pessoas e nas culturas. Deus se aproxima de cada ser humano e faz desabrochar a vida, na sua dimensão individual e comunitária. Ele pensa e cumpre suas promessas em favor da vida.

O ditado popular brasileiro: "Deus escreve certo por linhas tortas" revela o modo como *enxergamos as linhas*, ou seja, como pensamos, como agimos, por onde caminhamos. Nega, mesmo que ingenuamente, a verdade de que Ele sempre escreve certo, de maneira certa, no tempo certo e para nos colocar diante da sua verdade: o que Ele quer ser para nós. Deus escreve nas linhas que vamos relutando em aceitarmos como o caminho certo que exige permanente conversão. O ser humano insiste em valorizar a palavra e deixa passar a mensagem, como se somente a letra bastasse. Para Deus, sua Palavra é companheira de um agir, de um pensamento e de mãos que se unem sempre.

Por suas mãos foram criados: o céu, a terra, o mar e todo ser vivente. Assim, Deus escreveu sua verdade e a gravou no coração da humanidade.

Diz a Palavra: que a Lei de Moisés foi escrita pelo dedo de Deus (cf. Ex 31,18). Estamos todos em suas mãos! O Senhor sempre esteve presente como fiel participante na história do seu povo, revelando, a cada dia, o seu amor.

Em Cristo, o amor do Pai chega a ser palpável. Ele toca e é tocado; ele encontra e é encontrado, ele estende suas mãos e muitas coisas acontecem: o pobre se sente acolhido; as crianças, abraçadas; os doentes, atendidos e os pecadores, perdoados. O milagre acontece, pois o amor misericordioso passa a ser visível, tangível e factível. Os Evangelhos nos falam sobre isso!

Certa vez, Jesus, inclinando-se, escreveu no chão e a mensagem foi compreendida por todos que estavam, naquele momento, prontos para julgarem e condenarem uma mulher fragilizada. Ela estava sozinha e exposta à cultura da Lei. Estava vulnerável diante de homens com o coração endurecido e pedras nas mãos.

Aquele momento foi um marco para a compreensão de que o perdão não contradiz a tradição. O perdão constrói pontes! Homens e mulheres foram igualados quando a dignidade daquela mulher foi resgatada. Sim, a Lei de Moisés foi escrita pelo dedo de Deus, assim como a Lei do amor foi escrita pelo dedo de Jesus. A Lei do amor-comunhão é a base da sinodalidade. É essa pedagogia sinodal de Jesus que será apresentada nesta obra, reunindo palavras, gestos e atitudes do Filho Amado.

No primeiro capítulo, sobre um convite de Jesus: "Que todos sejam um", poderemos refletir sobre o pedido sincero do Filho Amado e obediente ao Pai. Seu convite ressoa em nossos ouvidos no caminho da fé, da conversão, do encontro com Jesus Cristo e da construção de uma comunidade sinodal. Nossa compreensão da vida e da fé requer um compromisso com a comunhão entre nós, em que todos sejam mais acolhidos, mais fraternos e mais solidários.

O segundo capítulo tratará do convite para a Igreja e o incansável ministério do Papa Francisco para manter viva a natureza missionária da Igreja, resgatando o espírito de sinodalidade, tão presente na catequese de Jesus. A pedagogia sinodal de Jesus confirma a presença de Deus na história e traz inspirações para a catequese, que se entrelaça com a vida do povo.

Já o terceiro capítulo propõe um diálogo sobre as pistas de sinodalidade para a construção de uma comunidade sinodal. Dividido em três partes: Comunhão, Participação e Missão, vamos revisitar os Evangelhos para aprendermos com a catequese de Jesus; refletirmos sobre as novidades para a vida cristã e como podemos intensificar a nossa participação na vida eclesial, em vista da transformação da sociedade.

As doze inspirações apresentadas, neste capítulo, nos vêm dos ensinamentos de Jesus com os temas: a semente, a casa, os pães e os peixes, o pão e o vinho, o tesouro, o sal e a luz, o fermento, o rebanho, o caminho, o barco, a cruz e a rede. A cada tema teremos uma parada para o diálogo com a comunidade: uma roda de conversa, iniciando com uma oração espontânea, seguida de um texto bíblico, tempo para meditação, um momento de partilha com as palavras sugeridas e as pistas para a vida prática e comprometida com a comunhão, com a participação e com a missão. A roda de conversa pode ser com o pároco, os catequistas e outras lideranças da comunidade.

Querido leitor, iniciemos a aventura de ler, de dialogar e de crescer no conhecimento e na motivação para um novo agir, caminhando juntos.

Catequese e sinodalidade: a pedagogia de Jesus será um instrumento de aprofundamento da fé à luz da Palavra de Deus e dos ensinamentos de Jesus.

Com Cristo, vamos em frente!

O autor

1
Um convite de Jesus

Para seguirmos os passos de Jesus, em meio aos desafios para a evangelização no mundo contemporâneo, é urgente perceber que estamos passando para uma nova etapa na ação evangelizadora da Igreja, a qual obedece, com alegria e esperança, ao mandado missionário de Jesus: "Ide, pois, fazei discípulos meus todos os povos, batizando-os em nome do Pai e do Filho e do Espírito Santo, ensinando-os a observar tudo quanto vos mandei" (Mt 28,19-20).

Sabemos que a vida dos cristãos e o caminho eclesial encontram-se marcados por dificuldades, em tempos de crises e conflitos internos e externos, que exigem uma profunda renovação de vida: espiritual, moral e pastoral, para manterem-se fiéis na missão de transmitir a fé. Trata-se de um novo tempo para a escuta orante do que o Espírito diz (cf. Ap 2,29), em vista de uma nova evangelização (cf. EG, n. 1-2).

Todos os desafios podem ser enfrentados com confiança no protagonismo do Espírito Santo e com um dinamismo de renovação próprio da Igreja. O caminho eclesial aponta para um apostolado que se sustenta na fé, na esperança e na caridade, mas também que se estrutura para um impulso missionário, que requer: audácia, criatividade, flexibilidade e responsabilidade. Com isso, precisamos ter presente que para uma autêntica conversão pastoral, "Nenhuma comunidade deve isentar-se de entrar decididamente, com todas as forças, nos processos constantes de renovação missionária e de abandonar as ultrapassadas estruturas que já não favoreçam a transmissão da fé" (DAp, n. 365). Ter claro também que o primeiro passo é a conversão pessoal, testemunhando sinais evidentes da presença de Deus (cf. DAp, n. 383).

Nesse contexto de renovação e conversão pastoral, somos todos convidados a lançarmos um olhar abrangente sobre o novo horizonte de evangelização, com novos cenários e novos interlocutores, o que nos coloca diante da necessidade de caminharmos por diferentes contextos eclesiais, com diferentes linguagens e práticas, garantindo a alegria do Evangelho (cf. EG, n. 1).

A catequese, que está a serviço da evangelização, acolhe e educa as pessoas na fé para a vida cristã; desperta no coração de cada um de nós o desejo de permanecer na intimidade com Jesus, crescendo em seu amadurecimento de fé, com atitudes de verdadeiros discípulos missionários, na experiência de vida comunitária e na atividade missionária, sentindo-se chamada a viver em comunhão.

O Papa Francisco em sua exortação apostólica *Evangelii Gaudium* (2013), destaca que: "A intimidade da Igreja com Jesus é uma intimidade itinerante, e a comunhão 'reveste essencialmente a forma de comunhão missionária'" (EG, n. 23). Com essas palavras, podemos dizer que o **caminho sinodal** para a Igreja é o modo de se viver a profunda experiência eclesial. Esse caminho sinodal, proposto no pós-Concílio e nas Conferências Gerais do Episcopado Latino-americano e do Caribe (Celam)[1], é a busca de novas formas para evangelizar e de assegurar a verdade revelada por Jesus de que onde dois ou três estiverem reunidos em seu Nome, Ele estará presente no meio deles (cf. Mt 18,20).

Esse caminho sinodal é um esforço permanente de perseverar na fidelidade ao mandamento do amor (cf. Jo 13,34), que se sustenta na experiência fraternal do diálogo. O Papa Paulo VI, na Carta Encíclica *Ecclesiam Suam* (1964) sobre os caminhos da Igreja, faz uma catequese sobre o diálogo, falando de um exercício de comunhão com o mundo para a Igreja em sua missão apostólica e de uma revisão de vida interior. A Igreja é chamada a rever sua prática para que "desperte novo entusiasmo, multiplique assuntos e interlocutores, de modo que aumentam o vigor e a santidade do Corpo Místico, terreno, de Cristo" (ES, n. 67). A Carta Encíclica propõe um diálogo com palavras e atitudes; fala do diálogo como comunicação espiritual com as seguintes características: clareza, mansidão, confiança e prudência pedagógica (cf. ES, n. 47). Fala, também, de um diálogo que contribui para a causa da paz, livre e honesta, que

> Exclui fingimentos, rivalidades, enganos e traições; não pode deixar de proclamar, como delito e como ruína, a guerra de agressão, de conquista e de predomínio, nem pode excluir, para além das relações entre os vértices das nações como hoje se diz, as existentes no interior das mesmas e as suas bases tanto sociais como familiares e individuais. Assim se difundirão em

---

1. O Celam, criado em 1955, reuniu-se em Conferência Geral por cinco vezes até o momento: 1955, 1968, 1979, 1992 e 2007. Ao final de cada Conferência foi emitido um documento final como conclusão dos trabalhos. Em 1955, reuniu-se na cidade do Rio de janeiro (Brasil); 1968 em Medellin (Colômbia); 1979 em Puebla (México); 1992 em Santo Domingo (República Dominicana); 2007 em Aparecida (Brasil).

todas as instituições e em todos os espíritos o sentido, o gosto e o dever da paz (ES, n. 59).

Sim, não existe caminho sinodal sem diálogo e paz. Jesus faz o convite para esse caminhar e participar da comunhão divina. O Filho de Deus, que está unido a Deus por natureza, é um só Deus. Sacramentalmente estamos unidos como membros de seu corpo, portanto, somos filhos de Deus, não por natureza, mas por participação. Ele foi gerado, nós fomos adotados: "Vós não recebestes um espírito de escravos para recair no medo, mas recebestes um espírito de filhos adotivos pelo qual clamamos: 'Abba! Pai!' (Rm 8,15). E para a comunhão fomos adotados! Esse Espírito nos dá a capacidade de nos reconhecermos filhos e filhas de Deus e de acolhermos a verdade do ensinamento de Jesus, ao dizer: 'Pai nosso...'" (cf. Mt 6,9). Jesus convida os que são seus para a unidade da Igreja, reunida pelo Espírito Santo.

Que todos sejam acolhidos!

Jesus prepara sua comunidade para o acolhimento. O caminho sinodal foi assumido pela Igreja, desde as comunidades primitivas. No Livro dos Atos dos Apóstolos encontra-se um retrato da comunidade formadora de seguidores e seguidoras de Jesus Cristo. Um primeiro relato está em At 1,12-26, com a escolha do substituto de Judas na comunidade dos Doze. Não foi Jesus quem escolheu Matias como novo apóstolo, mas a comunidade. Diante da necessidade, a comunidade reunida escolhe e acolhe um novo membro: um passo fundamental para a sinodalidade. A decisão de escolher e acolher foi da comunidade, mas em comunhão com o Cristo ressuscitado: "Senhor, tu que conheces os corações de todos, mostra qual destes dois escolheste..." (At 1,24), falavam de José, chamado Barsabás e Matias. O compromisso com a unidade é assumido pela Igreja que mantinha a força da comunhão na escuta da Palavra, na experiência comunitária da fé e na partilha do pão e dos bens materiais (cf. At 2,42-47). Perseverantes, caminhavam juntos, atrelados aos vínculos de comunhão (cf. At 4,32-35).

A unidade dos cristãos deve revelar que a Igreja é formada por uma multidão chamada a ser "um só coração e uma só alma" (At 4,32).

> Os cristãos têm o dever de anunciá-lo, sem excluir ninguém, e não como quem impõe uma nova obrigação, mas como quem partilha uma alegria, indica um horizonte estupendo, oferece um banquete apetecível. A Igreja não cresce por proselitismo, mas "por atração" (EG, n. 14).

Que todos sejam fraternos!

Foi o próprio Jesus quem elevou sua comunidade a uma relação de amigos: "Já não vos chamo escravos porque o escravo não sabe o que faz seu senhor. Eu vos chamo amigos porque vos dei a conhecer tudo o que ouvi de meu Pai. Não fostes vós que me escolhestes, mas fui eu que vos escolhi. Eu vos destinei para irdes dar fruto e para que o vosso fruto permaneça" (Jo 15,15-16). Essa relação de amigos foi crescendo e se tornando testemunho de que eles tinham encontrado um tesouro (cf. Eclo 6,14); eram próximos e promoviam a partilha do companheirismo na mesma jornada. Tinham uma meta: caminhar juntos!

Como cristãos, não podemos deixar de acolher esse testemunho dos apóstolos, porque hoje somos enviados em missão na diversidade de contextos. Para anunciar o Evangelho em diferentes cenários precisamos crescer no amadurecimento da fé e no compromisso de unidade na diversidade, ressignificando o nosso papel de promotores de paz e de comunhão. Podemos tornar as pequenas comunidades eclesiais em "ambiente propício para escutar a Palavra de Deus, para viver a fraternidade, para animar na oração, para aprofundar processos de formação na fé e para fortalecer o exigente compromisso de ser apóstolos na sociedade de hoje" (DAp, n. 308).

Sabemos que não é fácil,

> Às vezes perdemos o entusiasmo pela missão, porque esquecemos que o Evangelho dá resposta às necessidades mais profundas das pessoas, porque todos fomos criados para aquilo que o Evangelho nos propõe: a amizade com Jesus e o amor fraterno (EG, n. 265).

Só o Senhor pode nos fazer compreender o valor da relação e do amor fraterno, pois Ele, com todo o seu amor, tornou-se o irmão da humanidade.

Que todos sejam solidários!

A estreita relação fraternal de Jesus com seus discípulos e discípulas gerou sinais de solidariedade. Um dos traços da catequese de Jesus é a promoção humana e o resgate da dignidade dos filhos e filhas de Deus. Era solidário com as pessoas em todas as circunstâncias: acolhia os pecadores, defendia os pobres, valorizava as famílias, curava os enfermos, abraçava as crianças, respeitava as mulheres e ensinava as multidões.

A comunidade dos fiéis é convocada por Jesus para um olhar misericordioso e um agir solidário para com os mais pobres. Ele mesmo nos ensina que é urgente assumirmos um compromisso de vida e de fé, unidos a Ele, com generosidade e compaixão. Em tempo de tantas mudanças, estamos diante de um grande desafio:

> Uma globalização sem solidariedade afeta negativamente os setores mais pobres. Já não se trata simplesmente do fenômeno da exploração e opressão, mas de algo novo: a exclusão social. Com ela a pertença à sociedade na qual se vive fica afetada na raiz, pois já não se está abaixo, na periferia ou sem poder, mas está fora. Os excluídos não são somente "explorados", mas "supérfluos" e "descartáveis" (DAp, n. 65).

São Paulo Apóstolo, na breve Carta aos Colossenses, faz indicações para a comunidade e propõe a todos, como escolhidos de Deus, que busquem uma transformação radical:

> Vós, pois, como eleitos de Deus, santos e amados, revesti-vos de sentimentos de carinhosa compaixão, bondade, humildade, mansidão, paciência. Suportai-vos uns aos outros e perdoai-vos mutuamente toda vez que tiverdes queixa contra alguém. Como o Senhor vos perdoou, assim perdoai também vós. Mas, acima de tudo, revesti-vos do amor, que é o vínculo da perfeição. E a paz de Cristo reine em vossos corações. Nela fostes chamados para formar um só corpo. E sede agradecidos (Cl 3,12-15).

O que pede o apóstolo, nessa carta, é que todos os ensinamentos se tornem projeto de vida, que todos trilhem o caminho para a vida cristã na perspectiva de uma comunidade de irmãos e irmãs. Que todos sejam irmãos! Caminhem juntos e sejam capazes de construir uma sociedade justa e igualitária, vinculando a todos uma finalidade comum, fortalecidos pela paz de Cristo. Na catequese de Jesus, no ministério dos apóstolos e na vida dos primeiros cristãos podemos conferir inúmeras experiências de solidariedade, sem necessariamente, usar com frequência esse vocábulo.

Que todos sejam um!

Em oração Jesus pede ao Pai "Que sejam um como nós somos um" (Jo 17,22), confirmando sua esperança de que o amor e a unidade da sua comunidade poderiam atrair muitas pessoas, o mundo para a vida de fé. Ele sempre valorizou em seu ministério a importância de caminhar juntos e a força do testemunho da comunhão.

Para a comunhão é que o ser humano foi criado à imagem e semelhança de Deus, imagem da comunhão trinitária (cf. Gn 1,26). Perseverar nesse caminho para a comunhão é sinal de comprometimento, como resposta ao chamado de viver a vocação dos cristãos: a comunhão eclesial, a sinodalidade.

Alimentamos nossa vida de fé com a Palavra e com a Eucaristia: pela Palavra temos acesso ao projeto de Deus: formar e acompanhar o seu povo no caminho para a vida digna, na liberdade, na unidade e na direção da imensidão do seu amor; pela Eucaristia, o povo da nova aliança (cf. Gn 9,12; 1Cor 11,25) se identifica com o Cristo, "o Caminho" (cf. Jo 14,6). Seus discípulos eram chamados discípulos do "caminho" (cf. At 9,2; 18,25; 19,9; 24,13-16). Discípulos no caminho ou discípulos do Caminho revelam a consciência de comunhão na intensidade da vida nova em Cristo, em vista da missão de anunciar o novo estilo de vida rumo ao Reino.

"Que sejam um" é um pedido sincero do Filho Amado e obediente ao Pai e, ao mesmo tempo, ressoa em nossos ouvidos como um pedido do Bom Pastor a cada um de nós batizados. Que sejamos um: no caminho da fé; no caminho da conversão; no caminho do encontro com Jesus Cristo; no caminho da construção de nossa comunidade: Casa da Palavra e da Iniciação à Vida Cristã; no caminho da unidade entre as Igrejas que seguem na progressiva comunhão pelo ecumenismo e diálogo inter-religioso.

O convite de Jesus é para que todos vivam em comunhão: que todos sejam acolhidos; que todos sejam fraternos; que todos sejam solidários; que todos sejam um! Ele mostrou, com sua vida, que é possível, à luz da Trindade Santa, construir uma comunidade viva, onde todos os membros podem ser sujeitos ativos na missão evangelizadora. A Igreja do terceiro milênio vai expressar características de sinodalidade, pois mantém a identidade de **Povo eleito**[2] (cf. Dt 7,6; 1Pd 2,9), povo amado, para levar em frente o amor generoso de nosso Deus.

---

2. O conceito de "Povo eleito", povo escolhido, tem seu início no pacto firmado com Abraão (Gn 15). Tal aliança prevê a Fé, fidelidade e uma boa conduta; Abraão será chamado pai de multidões e dos crentes (Gn 17,5); foi firmada uma aliança sobre o Sinai com o povo de Israel (Ex 19), tendo Moisés como mediador. Com o sangue de Cristo se firma a nova e eterna aliança, na cruz.

2
Um convite para a Igreja

O século XX é considerado um marco para o redescobrimento da catequese como espaço de instrução do povo de Deus, rebanho confiado à Igreja e
que por ela precisa ser apascentado. A Igreja vai, com o tempo, acentuando o cuidado com a Iniciação Cristã e da comunidade de fé, sua missão. Cabe registrar
que a renovação catequética foi inspirada pelo Concílio Vaticano II (1962-1965).
Bem no início do século era muito forte a ideia de que o cristão necessitava do
ensinamento da Igreja para crescer na fé. O Papa Pio X, em sua Carta Encíclica
Acerbo Nimis (1905) sobre o Ensino do Catecismo, apresenta a importância de
que os responsáveis pelo ensino da Doutrina Cristã, mesmo que dignos para o
ministério, não o faça sem antes buscar uma profunda capacitação com estudos
e com profunda meditação.

Com essa preocupação do Papa Pio X, vemos que o cuidado para com a educação da fé está presente na Igreja há muito tempo. A fé precisa ser transmitida
por pessoas que conhecem o conteúdo, mas que precisam ter uma espiritualidade
madura.

O movimento catequético, na metade do século XX, dinamizou a Igreja, de
dentro para fora em direção a uma verdadeira renovação eclesial. Com significati-
vo esforço querigmático teve início a passagem da instrução da fé pelo catecismo
para a educação da fé pela catequese, de um modo mais tradicional do ensino da
doutrina para uma catequese como ação eclesial, sustentada na Palavra de Deus.
Contudo, a finalidade e a natureza da catequese são temas para a história da catequese pós-Concílio. O Decreto *Christus Dominus*, sobre o múnus pastoral dos
bispos da Igreja (1965), estabelece métodos para ensinar a doutrina cristã, com o
objetivo de ajudar os fiéis a defender e propagar as verdades da fé.

Mas esse olhar focado numa Catequese Doutrinal vai, aos poucos, tornando-se mais abrangente, mais voltado para os anseios da pessoa que busca o Senhor. Chamada a favorecer o avivamento da fé cristã, com fervor e esperança de um novo tempo, a Igreja, diante os desafios da sociedade moderna, precisava anunciar que o mundo haveria de ser transformado.

> Porque a fé ilumina todas as coisas com uma luz nova, e faz conhecer o desígnio divino acerca da vocação integral do homem e, dessa forma, orienta o espírito para soluções plenamente humanas (GS, n. 11).

Uma renovada atividade da Igreja se consolidou com o esforço de levar os fiéis ao reconhecimento de Deus e da dignidade da pessoa humana para que sejam testemunhas de Cristo.

Como vimos, a catequese está inserida no movimento histórico da Igreja e é fortemente inquietada pelo contexto social, econômico, político, cultural e religioso da sociedade. Assim como Deus está presente na história, a catequese caminha entrelaçada à vida do povo de Deus, sobretudo na dimensão humana, social e religiosa. Não podemos deixar de ressaltar que a dimensão comunitária trouxe grandes benefícios para a catequese em seu esforço de transmitir a fé cristã. A catequese guarda com alegria o mandado de Jesus: fazer novos discípulos conforme propõe o santo Evangelho.

Todo esforço, por parte da Igreja, para manter viva a sua natureza missionária resgata o espírito de sinodalidade tão presente na catequese de Jesus. Realizado com fidelidade, por parte dos apóstolos de Cristo, o anúncio do Evangelho foi um esforço de todos que receberam do Senhor o chamado de viver e testemunhar a fé por palavras, obras e escritos. E no dinamismo do Espírito na vida da Igreja, os apóstolos deixaram os bispos como seus *sucessores*[3] e, para eles, a missão de ensinar, santificar e governar o povo de Deus. A atividade missionária assumida pelos apóstolos foi confiada aos bispos da Igreja, para a continuidade da transmissão da fé, do tempo de São Pedro aos dias de hoje:

> Tal como, por disposição do Senhor, São Pedro e os demais apóstolos formam um só colégio apostólico, de maneira semelhante o Romano Pontífice, sucessor de Pedro, e os bispos, sucessores dos apóstolos, estão unidos entre si (LG, n. 22).

---

3. Sucessores dos Apóstolos: a missão recebida por Cristo do Pai é transmitida aos seus apóstolos, e, destes aos bispos.

Para garantir a comunhão na Igreja e o testemunho de unidade para o mundo, o papa, sucessor de Pedro, permanece fiel ao múnus dos Apóstolos de apascentar a Igreja, rebanho do Senhor. A Igreja é governada pelo sucessor de Pedro e pelos bispos, os quais, em comunhão com ele, caminham juntos como sinal visível da unidade em Cristo (cf. LG, n.1). Ela é o Sacramento de Cristo!

Deste espírito de unidade, brota a força da caminhada de fé para o compromisso com a Comunhão, Participação e Missão. O Papa Francisco faz um convite à Igreja: uma busca contínua de aprendermos a "caminhar juntos". Caminhar e escutar! Na exortação apostólica *Evangelii Gaudium* (2013), o Papa Francisco alerta-nos: "Precisamos de nos exercitar na arte de escutar, que é mais do que ouvir" (EG, n. 171). O papa quer ouvir a todos, caminhar com todos e celebrar a profunda conversão de todos os cristãos ao projeto de Deus.

Ao longo de muitos anos de história, a Igreja caminhou e concretizou muitos passos e aprendizados na sua ação evangelizadora. Agora, mais uma vez, se abre ao convite e, ao mesmo tempo, à convocação de motivar os fiéis para que juntos façam a experiência da fé, sem desviarem o olhar dos desafios em nossos dias.

É motivo de muita alegria acompanhar a insistência corajosa e profética do Papa Francisco ao convidar a Igreja para viver a fidelidade de sua natureza e, assim, concretizar o ser Igreja sinodal para uma nova etapa evangelizadora. Ele não se intimida ao ponto de deixar de partilhar o que sente e pensa, nem sobre as esperanças para conduzir o rebanho de Deus, nem sobre as resistências que se multiplicam e revelam as fragilidades internas da Igreja: resistência ao novo, às mudanças, às suas palavras duras, ao risco de perder o poder, que gera insegurança e medo por parte de alguns. É visível o impacto que causa a humildade de Francisco, o desconforto que nos domina quando escutamos suas palavras sinceras e necessárias:

- Prefiro uma Igreja acidentada, ferida e enlameada por ter saído pelas estradas, a uma Igreja enferma pelo fechamento e a comodidade de se agarrar às próprias seguranças (EG, n. 49).

- Desiludidos com a realidade, com a Igreja ou consigo mesmos, vivem constantemente tentados a apegar-se a uma tristeza melosa, sem esperança, que se apodera do coração como "o mais precioso elixir do demônio". Chamados para iluminar e comunicar vida, acabam por se deixar cativar por coisas que só geram escuridão e cansaço interior e corroem o dinamismo apostólico. Por tudo isto, permiti que insista: Não deixemos que nos roubem a alegria da evangelização! (EG, n. 83).

- Uma das tentações mais sérias que sufoca o fervor e a ousadia é a sensação de derrota que nos transforma em pessimistas lamurientos e desencantados com cara de vinagre (EG, n. 85).

- Para permanecermos com Deus é preciso saber sair, não ter medo de sair. Se um catequista se deixa tomar pelo medo, é um covarde; se um catequista se fecha tranquilo, acaba por ser uma estátua de museu: e temos muitos! Temos muitos! Por favor, estátuas de museu, não! (FRANCISCO, 2013).

- Para se caminhar rumo à amizade social e à fraternidade universal há que fazer um reconhecimento basilar e essencial: dar-se conta de quanto vale um ser humano, de quanto vale uma pessoa, sempre e em qualquer circunstância (FT, n. 106).

- Quem não vive a gratuidade fraterna transforma a sua existência em um comércio cheio de ansiedade: está sempre medindo aquilo que dá e o que recebe em troca (FT, n. 140).

- Aos cristãos que hesitam e se sentem tentados a ceder a qualquer forma de violência convido-os a lembrar este anúncio do Livro de Isaías: "De suas espadas forjarão arados" (Is 2,4). Para nós, essa profecia se concretiza em Jesus Cristo, que, ao ver um discípulo excitado pela violência, disse com firmeza: "Guarda a espada! Todos os que usam da espada, pela espada perecerão" (Mt 26,52) (FT, n. 270).

Essas e tantas outras mensagens do Papa Francisco, consideradas por alguns como expressões duras, são oportunas para a nossa reflexão. Ele insiste na importante conversão pastoral. A Igreja precisa dar testemunho de vida cristã autêntica para a transmissão da fé. Seus escritos revelam sua determinação, paixão, esperança e inconformismo por um mundo justo, sem violência e sem pobreza, sem mentiras e falsidade. Ele espera ver a Igreja caminhando comprometida e guiada pelo Espírito Santo (cf. Jo 14; 16; Rm 5,5; At 1,15). O Espírito que acompanhou a vida e o ministério dos apóstolos continua atuando na vida dos cristãos e, assim, cresce a nossa comunhão no Espírito, conforme desejava o apóstolo Paulo (cf. 2Cor 13,13).

É nessa resistente esperança, que o Papa Francisco no documento preparatório: Por uma Igreja sinodal: comunhão, participação e missão faz um convite especial:

> Convida a Igreja inteira a interrogar-se sobre um tema decisivo para a sua vida e a sua missão: "O caminho da sinodalidade é precisamente o caminho que Deus espera da Igreja do terceiro milênio". Este itinerário, que se insere no sulco da "atualização" da Igreja, proposta pelo Concílio Vaticano

II, constitui um dom e uma tarefa: caminhando lado a lado e refletindo em conjunto sobre o caminho percorrido, com o que for experimentando, a Igreja poderá aprender quais são os processos que a podem ajudar a viver a comunhão, a realizar a participação e a abrir-se à missão. Com efeito, o nosso "caminhar juntos" é o que mais implementa e manifesta a natureza da Igreja como povo de Deus peregrino e missionário (FRANCISCO, 2021).

É para essa tarefa que devemos nos prepararmos para sermos presença fiel da Igreja de Jesus Cristo viva e comprometida no terceiro milênio: viver e dar sinais de comunhão, realizar a participação em toda ação evangelizadora e cumprir a missão que lhe foi confiada.

Como resposta ao forte apelo a "caminhar juntos", a Igreja deverá lançar um olhar abrangente sobre a complexidade do atual contexto histórico e sobre os desafios cruciais para sua vida, mantendo o foco na sua natureza missionária e no poder vivificante do Santo Espírito.

O convite para a Igreja ocorreu de forma solene, em Roma, nos dias 9-10 de outubro de 2021 e nas Igrejas particulares, em 17 de outubro de 2021. O caminho intitulado "Para uma Igreja sinodal: comunhão, participação e missão", conduz a Igreja na preparação da XVI Assembleia Geral Ordinária do Sínodo dos Bispos, no mês de outubro de 2023, em Roma.

A seguir vamos refletir sobre as pistas de sinodalidade para a construção de uma comunidade sinodal. Todos os cristãos, em seus diversos serviços e ministérios na Igreja, poderão, inspirados nas pistas apresentadas no próximo capítulo, entrelaçarem seus passos com os eixos fundamentais de uma Igreja sinodal: comunhão, participação e missão.

3
Pistas de sinodalidade para a construção de uma comunidade sinodal

Neste capítulo percorreremos o caminho da reflexão e do discernimento sobre como nossa comunidade escuta e acolhe as verdades da fé, como assume o compromisso com a vida e com as pessoas, como testemunha a adesão a Jesus Cristo. Refletiremos ainda sobre como estamos nos comprometendo com a transmissão da fé às novas gerações à luz da pedagogia de Jesus.

Todos os temas escolhidos como inspirações de sinodalidade para cada eixo fundamental (Comunhão, Participação e Missão) serão apresentados como pistas para a construção de uma comunidade sinodal, como conteúdo para a capacitação de catequistas e outros agentes que se empenham no planejamento e na tomada de decisão por uma ação evangelizadora bem executada que favoreça a transmissão da fé. Nesse sentido é necessário que seja uma ação que se dedique na conversão pastoral inspirada na pedagogia sinodal de Jesus. Que os projetos pastorais diocesanos e paroquiais despertem o caráter missionário de todo cristão.

Com a proposta de um diálogo aberto na comunidade, no estilo roda de conversa, busquemos discernir qual é o caminho que o Senhor nos pede (EG, n. 20). Com a presença atuante de Cristo ressuscitado no meio de nós, caminhemos na direção de uma vida humana feliz e solidária!

O grande convite para a Igreja é despertar nos cristãos a disponibilidade de trilhar novos caminhos, com verdadeiro espírito de pertença à Igreja e com uma espiritualidade madura e livre, centrada em Jesus Cristo.

Para a **comunhão** vamos revisitar os Evangelhos e aprender com Jesus como podemos caminhar juntos à luz de seus ensinamentos, com os temas: a semente, a casa, os pães e os peixes, o pão e o vinho.

Para a **participação** vamos trazer as novidades para a vida cristã, à luz das inspirações: o tesouro, a luz e o sal, o fermento, o rebanho.

Para a **missão** vamos conferir como podemos intensificar a participação ativa da vida eclesial presente no mundo, com os temas: o caminho, o barco, a cruz e a rede.

Comunhão

A semente

De todas as parábolas de Jesus, aquelas que falam da semente ressaltam a simplicidade e a esperança de uma boa colheita. Quando lançada em terra fértil, a semente morre, germina e cresce, podendo dar flores e frutos. O grande mistério da fecundação e germinação da semente se dá no tempo necessário para o seu desenvolvimento.

Para garantir uma plantação de qualidade é importante considerar que não pode faltar: água disponível, oxigênio, luz, temperatura e alguns cuidados especiais, tudo de forma adequada e responsável.

A vida é um milagre! Todo bom agricultor, antes de lançar as sementes na terra, pergunta-se: Onde devo lançar as sementes? Em que época será melhor? Este solo é fértil? Essas e outras perguntas circulam na mente do trabalhador, que vai arar a terra e preparar o terreno para semear as sementes.

Como é bom sentir o cheiro úmido da terra quando ainda está sendo preparada! quando o arado abre os sulcos para se lançar as sementes. Podemos admirar a beleza dessa etapa: o solo é rasgado para se enterrar a semente que precisa morrer para dar frutos (cf. Jo 12,24).

Aos poucos, o campo vai ficando renovado com os primeiros brotos verdes, anunciando que a vida venceu. Agora é tempo de esperar que cresçam revelando seus frutos, quando atingirem sua maturidade.

No tempo oportuno, chega o dia da colheita. Trabalhadores caminham por entre a plantação e começam a cortar os galhos, formar os feixes, colher os frutos. Dependendo do tipo de plantação: ervas, grãos ou frutos. Quando a colheita é generosa, os trabalhadores se alegram. Eu mesmo, já presenciei lindas rodas de festa em dias de colheita, vendo homens e mulheres dançando, cantando e celebrando, com mesa farta. O clima de alegria contagiava todos que participavam de forma simples, da beleza do sucesso, fruto do esforço de muitos ao longo de todo o processo. O modo rústico de cantar a felicidade do sucesso não tirava o brilho da comunhão entre as pessoas.

Bem sabemos que a riqueza do solo favorece a colheita, assim como o nosso coração que, puro e livre de tudo aquilo que nos afasta de Deus, torna--se terreno fértil para as sementes do Reino.

No Evangelho de Marcos, Jesus ressalta o mistério da vida, a semente que cresce em segredo. Em seu ministério, na Galileia, Jesus falava às multidões, era cuidadoso ao falar e sensível às necessidades de sua gente, destacando que o reino cresce escondidamente e no tempo de Deus. Certa vez, Ele disse:

> O Reino de Deus é como um homem que joga a semente à terra. Quer ele durma ou vigie, de dia ou de noite, a semente germina e cresce sem que ele saiba como. É por si mesma que a terra dá fruto, primeiro vem as folhas, depois a espiga, em seguida o grão que enche a espiga. Quando o trigo está maduro, mete-lhe logo a foicinha, pois é tempo da colheita (Mc 4,26-29).

Nossa vida de fé é um processo de crescimento na experiência de comunhão com nosso Deus Pai, pelo Filho, Jesus Cristo, no Espírito Santo. Tudo acontece na alegria da entrega de si mesmo e no encontro pessoal com o Senhor. Com a parábola da semente que é lançada pelo homem e que a terra, por si mesma, a frutifica, aprendemos que a semente de comunhão lançada por Deus em nosso coração, requer: a riqueza do solo, a água, o sol, o vento e muitos outros elementos, cuidados por Ele.

Crescemos na fé e nossa espiritualidade nos leva ao compromisso de comunhão, pleno florescimento das sementes lançadas em nossa vida, quando acolhemos a Palavra de Deus para anunciarmos o Evangelho vivo às pessoas que são acolhidas por nós, na catequese e na vida de nossas comunidades.

Quando anunciamos o Evangelho não temos controle de seu desenvolvimento na mente e no coração daqueles a quem o proclamamos. O crescimento espiritual é um processo dinâmico de aprendizagem. Somente por uma escolha livre e consciente a pessoa poderá acolher a mensagem do Evangelho até que o seu testemunho seja dado como fruto maduro e bom. Todo esse processo passa por etapas: encontro, conversão, discipulado, comunhão e missão (cf DAp, 278). A maturidade da fé, comparada à colheita de sucesso, é resultado do amor e generosidade de Deus; "É por si mesma que a terra dá fruto..." (Mc 4,28).

Outras parábolas contadas por Jesus falam da semente:

O grão de mostarda (Mt 13,31ss.; Mc 4,30-32; Lc 13,18-19): Jesus fala do crescimento universal e a força escondida do Reino.

> É a menor de todas as sementes. Mas, quando cresce, é a maior das hortaliças e torna-se uma árvore, de modo que em seus ramos os passarinhos vêm fazer ninhos (Mt 13,32).

O joio e o trigo (Mt 13,24-30): Fé e incredulidade podem crescer no mesmo terreno. Jesus explica que:

> Aquele que semeia a boa semente é o Filho do homem. O campo é o mundo. A boa semente são os filhos do Reino. O joio são os filhos do Maligno (Mt 13,37-38).

Na parábola do semeador (Mt 13,1-9; Mc 4,1-9; Lc 8,4-8) Jesus fala do semeador e da recepção da Palavra. Na dinâmica de uma vida de fé está a disponibilidade para o anúncio da Palavra e o reconhecimento dos desafios na hora de semear as sementes do Reino. Os diferentes solos representam a incredulidade, a ignorância e a indiferença à novidade do Reino de Deus, apresentada pela Palavra "viva e eficaz" (Hb 4,12), mas também os que, "ouvindo com coração generoso e bom, conservam a palavra e dão fruto na perseverança" (Lc 8,15). A parábola fala de quatro tipos de solos (o coração da humanidade) e do resultado do plantio, conforme o tipo de terreno: à beira do caminho, o pedregoso, com espinhos e a terra boa.

Como cristãos podemos assumir o mandado evangélico, acolhendo com as parábolas de Jesus grandes lições para uma vida de comunhão, com atitudes de acolhimento entre nós; de responsabilidade, tirando do coração sentimentos negativos, como a raiva, o egoísmo e o individualismo; de discipulado, testemunhando o amor dado por Jesus, com palavras e gestos, da manjedoura até a cruz.

À luz da parábola do semeador, podemos dizer que uma comunidade sinodal significa: ser semente boa para brotar e oferecer bons frutos para a vida do mundo; construir-se num terreno comum para todos, ser uma terra boa e que caminhem juntos, como iguais pelo batismo; ser um povo da esperança, semeadores e comunicadores alegres da Boa-nova do Reino. A espiritualidade do semeador traz luz à vida e missão da comunidade: orante, fraterna e missionária, tornando-a capaz de semear amor para colher os frutos da evangelização.

> Evangelizar, para a Igreja, é levar a Boa-nova a todas as parcelas da humanidade, em qualquer meio e latitude, e pelo seu influxo transformá-las a partir de dentro e tornar nova a própria humanidade: "Eis que faço de novas todas as coisas". No entanto não haverá humanidade nova, se não houver em primeiro lugar homens novos, pela novidade do batismo e da vida segundo o Evangelho. A finalidade da evangelização, portanto, é precisamente esta mudança interior; e se fosse necessário traduzir isso em breves termos, o mais exato seria dizer que a Igreja evangeliza quando, unicamente firmada na potência divina da mensagem que proclama, ela procura converter ao mesmo tempo a consciência pessoal e coletiva dos homens, a atividade em que eles se aplicam, e a vida e o meio concreto que lhes são próprios (EN, n. 18).

As parábolas sobre as sementes falam de nós e da nossa necessidade de buscar, no silêncio, mais espaço dentro de nós para a escuta da Palavra de Deus. O tempo do silêncio para a semente é precioso, assim como para o semeador, concentrado em seu trabalho.

O Papa Francisco fala da importância do silêncio, ressaltando o exemplo de José, homem do silêncio:

> Queridos irmãos e irmãs, aprendamos de São José a cultivar espaços de silêncio, nos quais possa surgir outra Palavra, isto é, Jesus, a Palavra: a do Espírito Santo que habita em nós e que traz Jesus. Não é fácil reconhecer esta Voz, que muitas vezes se confunde com os milhares de vozes de preocupações, tentações, desejos e esperanças que nos habitam; mas sem este treino que provém precisamente da prática do silêncio, até a nossa fala pode adoecer (FRANCISCO, 2021).

Jesus, ao contar tais parábolas, ensinou que a comunidade pode crescer na fé e na comunhão. Como semente ou semeador cada cristão pode se comprometer com a vida de sua comunidade, preparando os caminhos do Senhor (cf. Mt 3,1).

Preparar os caminhos para a chegada de Jesus é um convite para a conversão do nosso coração. Também podemos dizer que essa preparação é a tarefa do semeador que, lançando as sementes, oportuniza que os corações se abram para acolher a novidade do Reino.

Que, dia após dia, sejam lançadas as sementes do Reino e que cada membro da comunidade, com alegria e esperança, seja como as sementes do trigo, do arroz, do feijão ou da mostarda, que germinam para oferecer bons frutos em favor da vida. Nunca como o joio, praticando o mal.

Roda de conversa na comunidade

Reunir o grupo para uma roda de conversa:

1. Oração inicial
2. Ler o texto bíblico: Salmo 138
3. Tempo para a meditação
4. Deixar repercutir as palavras:

5. Pistas para a prática da comunhão:
    - Ser como a semente que se entrega para compartilhar o seu melhor.
    - Ter um coração generoso para produzir bons frutos.
    - Oferecer o melhor de si para promover a unidade, a comunhão e a paz.
    - Promover a integração de todos, com a força de seu testemunho e de sua missão.
    - Anunciar o Evangelho com a própria vida.
    - Fortalecer os vínculos de amizade para superar a tentação do individualismo.
6. Oração final

A casa

A casa comum é um presente de Deus. É lugar "da aliança de Deus com os seres humanos e com toda a criação" (DAp, n. 125). Para a nossa alegria, Ele nos presenteou com a natureza, expondo a beleza de tudo que foi criado para o nosso bem, por isso, "Bendizemos a Deus que nos deu a natureza criada que é seu primeiro livro, para que possamos conhecer a Ele e viver nela como em nossa casa" (DAp, n. 24).

E nessa casa comum escolheu um lugar para ser a casa de seu Filho Jesus: "O verbo se fez carne e habitou entre nós" (Jo 1,14). A casa de Jesus é o lugar do encontro, do amor e da restauração. Ele era a casa de Deus para quem acorria ao seu chamado. Mas andou por entre as pessoas e, dia a dia, passo a passo, entrou em muitas casas.

Por quantas casas Jesus passou levando sua mensagem de vida, esperança e fé? Muitas! Os Evangelhos destacam algumas, mas sabemos que ao percorrer os caminhos entre a Galileia e a Judeia, Jesus fez parada em muitas casas. Também percorreu caminhos para outras regiões pagãs que foram registradas pelos evangelistas.

Sua missão era levar, com sua presença, sinais de vida nova para todos. Anunciava a salvação! Era solícito e, com atenção, lançava um olhar pleno de compaixão sobre o povo, especialmente sobre os mais sofridos.

Era frequente o encontro de Jesus com pessoas pelas estradas, aldeias e praças, mas toca o coração do Filho Amado do Pai ver tantos filhos e filhas largados pelos caminhos, sem teto, sem comida, sem afeto e respeito. Quando falta casa, falta um lugar digno para viver. Isso é um desrespeito para com o ser humano; é um ataque à sua humanidade. Onde falta respeito pela humanidade, falta comunhão. É sobre isso que Jesus quer falar!

Jesus entra na casa-coração

Certa vez, contrariando o que diziam as leis, um leproso se aproximou de Jesus implorando para ser purificado. A cura de um leproso era uma obra exclusiva de Deus. Somente Ele com o seu poder poderia libertar uma pessoa dessa doença. Uma pessoa leprosa, considerada impura, era obrigada a viver distante das cidades e lugares onde ela vivia. Eram tratadas com desprezo e consideradas como mortas. Toda doença era considerada um castigo, mas a lepra era símbolo do pecado, uma marca que a pessoa carregava e que a denunciava por onde andava.

> O leproso atacado de lepra andará com as vestes rasgadas, os cabelos soltos e a barba coberta, gritando: "Impuro! impuro!" Durante todo o tempo que estiver contaminado de lepra, será impuro. Habitará a sós e terá sua morada fora do acampamento (Lv 13,45-46).

Voltando ao Evangelho (Mt 8,1-4; Mc 1,40-45; Lc 5,12-14), aquele leproso se aproximou e de joelhos suplicou a Jesus: "Senhor, se quiseres, podes limpar-me". Esse pedido resume toda a esperança daquele homem: ser curado, libertado, acolhido, amparado e, com certeza, ser amado. Os três evangelistas vão registrar que Jesus respondeu ao leproso: "Eu quero, fica limpo", mas fez uma recomendação: não contar a ninguém o que havia acontecido e apresentar-se ao sacerdote, conforme a Lei de Moisés (cf. Lv 14,2-32).

Segundo o Livro de Levítico, o sacerdote tinha a função declarar "puro" uma pessoa curada da lepra, mas o poder de torná-la "pura" era de Deus. A cura de um leproso era uma obra exclusiva de Deus. Depois de verificar a cura, o sacerdote decidia readmitir a pessoa na comunidade. O milagre da cura de um leproso era comparável à ressurreição de um morto; a pessoa pode, depois de curada, voltar à vida, ao convívio de seus familiares e amigos. Volta para a casa.

A casa é lugar de acolhimento, de vida e de amor. Voltar para a casa significa viver abraçado pelo acolhimento na experiência do amor. Jesus tocou aquele leproso, mostrou-se superior à lei da exclusão para revelar o poder de nosso Deus.

Para aquele homem, seu coração foi visitado por Jesus. A salvação entrou em sua casa pela compaixão do Senhor.

Jesus entra na casa-família

Muitas outras casas foram visitadas por Jesus:

- a casa de Pedro;
- a casa de Zaqueu;
- a casa de Marta e Maria;
- a casa de Mateus.

Tantas outras casas foram visitadas e, nelas, a presença de Jesus ficou marcada pela paz e alegria compartilhadas.

A casa é lugar de comunhão, espaço sagrado onde circula o amor, a bondade, a esperança, a vida! Espaço onde crescem juntos o respeito e a valorização da vida. A casa é lugar da família, "célula primeira e vital da sociedade" (AA, n. 11). A casa é escola de sociabilidade:

> E a comunhão e a participação diariamente vividas em casa, nos momentos de alegria e de dificuldade, representam a mais concreta e eficaz pedagogia para a inserção ativa, responsável e fecunda dos filhos no mais amplo horizonte da sociedade (FC, n. 37).

A dinâmica de vida de uma família cristã e bem estruturada reflete, no espaço comunitário para a vivência e a convivência de seus membros, o amor que solidifica a própria casa. O amor que foi tão anunciado por Jesus (cf. Jo 15,12).

As casas visitadas por Jesus tornaram-se cenário para um discurso sobre o amor, em palavras e gestos. Fica claro para nós que Ele entra nesses espaços para comunicar, com sua presença, a verdade de que a vida pode ser construída com respeito e humanização. Ele assumiu a nossa humanidade para ser um de nós, para caminhar com o seu povo.

A casa é símbolo de sinodalidade porque nela encontramos espaço para viver e conviver, permanecendo juntos no caminho. É símbolo de sinodalidade porque nelas acontecem encontros de interação com as pessoas e o mundo. Também porque para a casa podem voltar os que precisam revitalizar a força interior para a comunhão, participação e missão, seja a casa da família ou a comunidade eclesial.

Não podemos deixar de registrar a importante função social da família quando abre as portas da casa para o exercício da hospitalidade:

> É de realçar a importância sempre maior que na nossa sociedade assume a hospitalidade, em todas as suas formas desde o abrir as portas da própria casa e ainda mais do próprio coração aos pedidos dos irmãos, ao empenho concreto de assegurar a cada família a sua casa, como ambiente natural que a conserva e a faz crescer. Sobretudo a família cristã é chamada a escutar a recomendação do apóstolo: "Exercei a hospitalidade com solicitude" e, portanto, a atuar, imitando o exemplo e compartilhando a caridade de Cristo, o acolhimento do irmão necessitado: "Quem der de beber a um destes pequeninos, ainda que seja somente

um copo de água fresca, por ser meu discípulo, em verdade vos digo não perderá a sua recompensa" (FC, n. 44).

Uma comunidade, para se tornar casa de irmãos e irmãs na vida e na fé, precisa ser lugar de acolhimento em permanente atitude fraterna e solidária. Para testemunhar sinais de sinodalidade, a Igreja precisa ser "morada de povos irmãos e casa dos pobres" (DAp, n. 8). Precisa olhar para os que sofrem e abrir suas portas, convidando para a partilha do pão e do amor. Ninguém pode ficar esquecido, nem ser excluído, devemos ser família para todos.

> É preciso abrir ainda mais as portas da grande família que é a Igreja, concretizada na família diocesana e paroquial, nas comunidades eclesiais de base ou nos movimentos apostólicos. Ninguém está privado da família neste mundo: a Igreja é casa e família para todos, especialmente para os que estão "cansados e oprimidos" (FC, n. 85).

E com a mesa pronta acolhamos em nossa casa o Cristo Vivo que nos visita e permanece entre nós e os nossos irmãos e irmãs. Somos chamados a fazer da nossa comunidade, "a casa e a escola da comunhão" (NMI, n. 43).

Jesus entra na casa-comunidade

Jesus entrou na vida de seus discípulos formando com eles uma comunidade. Os vários convites, feitos por Jesus – "Vinde e vede!"; "Segue-me!"; "Ide!", confirmam que Ele quis formar uma comunidade para garantir a continuidade da comunhão, vivida e testemunhada com suas palavras e atitudes gerativas, em vista de uma nova geração do povo de Deus. Jesus acolheu pessoas que aos poucos foram descobrindo a alegria de viver em comunhão com Ele. Assim acolheu e formou seus seguidores, discípulos e apóstolos missionários.

"Vinde e vede!" (Jo 1,35-42) – Um chamado aos seguidores

Eles estavam caminhando e seguindo Jesus até que foram surpreendidos com a pergunta de Jesus: "A quem procurais?" A resposta dos discípulos de João demonstrou que queriam se aproximar de Jesus: "Onde moras?" Em outras palavras, onde fica sua casa? Onde podemos encontrá-lo? Visitá-lo? Então Jesus faz o convite: Vinde e vede! Esse convite e chamado despertou o desejo de seguir os passos de Jesus para onde Ele os levasse. João, em seu Evangelho, diz que os dois homens "foram, viram onde morava, e permaneceram com Ele aquele dia". Assim, foram dados os primeiros passos dos primeiros seguidores de Jesus, início de uma história de comunhão.

"Segue-me!" (Mt 9,9-13) – Um chamado aos discípulos

Alguns pescadores foram chamados por Jesus para uma nova realidade, um novo modo de vida e trabalho: "Vinde comigo, e eu farei de vós pescadores de gente" (Mc 1,17). O convite podia parecer ousado, estranho até, mas com essas palavras Ele anunciava a chegada do Reino de Deus. Prontamente os primeiros discípulos deixaram as redes e o seguiram. Ele continuou chamando, acolhendo e formando o novo povo. Ao modelo dos doze patriarcas de Israel, Jesus constituiu sua comunidade dos Doze, para que ficassem com Ele, iniciando um novo tempo e impulso missionário com os seus escolhidos (Mc 3,13-19). Mateus, o coletor de impostos, foi um dos escolhidos. Jesus, que procura os pecadores, disse-lhe: "Ide e aprendei o que significam as palavras: Quero misericórdia e não sacrifícios. Porque não vim para chamar os justos, mas os pecadores" (Mt 9,13). Os primeiros discípulos foram chamados à beira do Mar da Galileia, trabalhando, andando pelo caminho ou, até mesmo, sentado na coletoria de impostos.

"Ide!" (Mt 28,19-20) – Os apóstolos, mensageiros missionários

Mateus encerra o Evangelho ressaltando a missão dos discípulos de Jesus. Jesus transfere o seu poder por delegação, investe nos apóstolos e acredita na força de sua comunidade: "Toda autoridade me foi dada no céu e na terra" (Mt 28,18). Como apóstolos, seus amigos são enviados em missão para "tornar discípulos todos os povos" (cf. Mt 28,19), e assim, o discipulado de Jesus foi, com alegria, estendido pelos quatro cantos do mundo, revelando a presença do Emanuel, Deus conosco (cf. Mc 16,20). O mandado missionário de Jesus aos apóstolos define a missão dos discípulos e discípulas que continuam revelando a presença de Cristo. Os que foram chamados para permanecerem com Ele são enviados para praticar a evangelização de forma mistagógica: "ensinando-os a observar tudo quanto vos mandei. Eis que eu estou convosco, todos os dias, até o fim do mundo" (Mt 28,20). Ensinar o que aprendeu; compartilhar o que viveu; revelar a presença de Cristo ressuscitado na prática do amor, testemunhando a fé e o compromisso com a evangelização são tarefas dos mensageiros missionários, acolhidos e educados na fé por Jesus, o missionário do Pai.

Método mistagógico para a missão evangelizadora:

- Ide – caminhar espalhando amor e alegria.
- Batizai – construir comunidade, "Corpo de Cristo".
- Ensinar – perseverar no caminho, observando os ensinamentos e anunciando a verdade.
- Estarei convosco – proclamar a presença de Jesus Cristo, vivo.

A Iniciação à Vida Cristã oferece aos que estão inseridos no processo de crescimento da fé e de imersão na comunidade eclesial a possibilidade de fazer escolhas – de forma pessoal, livre e consciente. O cristão, quando bem instruído e iniciado, será um seguidor, um discípulo e um mensageiro missionário capacitado para vivenciar o seu sacerdócio batismal e sua vocação/missão de enviado. Somos todos enviados por amor!

Os primeiros chamados para o seguimento de Jesus foram acolhidos e formados para a vida de comunhão, participação e missão. Essa formação, sistemática e continuada, levou os primeiros seguidores ao reconhecimento do discipulado. Caminharam juntos para viverem em Cristo.

Como podemos viver em Cristo?

Precisamos:

- dar passos de aproximação na direção de Deus, que se revela e revela seu amor;
- ter uma espiritualidade centrada em Jesus Cristo e uma vida de oração;
- envolver-se com a comunidade, conhecendo sua realidade e as suas necessidades e aspirações;
- ser instrumento de compaixão, sabendo acolher, cuidar e defender a vida, como dom e serviço;
- praticar a gratidão, com gestos de generosidade e gentilezas.

Roda de conversa na comunidade

Reunir o grupo para uma roda de conversa:

1. Oração inicial
2. Ler o texto bíblico: Salmo 121
3. Tempo para a meditação
4. Deixar repercutir as palavras:

5. Pistas para a prática da comunhão:
   - Reconhecer que somos irmãos e irmãs de todos na comunidade.
   - Conviver com os outros nos amparando reciprocamente.
   - Sentir que somos iguais em dignidade e direitos.
   - Afastar de nós todo tipo de julgamento e exclusão.
   - Tornar nossa comunidade uma casa de comunhão: hospitaleira e servidora.
6. Oração final

Os pães e os peixes

As multidões caminhavam grandes distâncias para ver Jesus, para ouvir suas palavras. Estavam carentes de uma palavra motivadora e inspiradora para uma vida feliz e livre do fardo que carregavam sobre os ombros. Peso imposto pela realidade sofrida dos que viviam cansados e aflitos. Jesus falava sobre a importância de uma vida simples, sustentada no amor, na partilha, na esperança, na fé e no perdão. Verdadeiro convite para viver uma vida sem acumular riquezas materiais. Ele dizia:

> Não ajunteis riquezas na terra, onde a traça e a ferrugem as corroem, e os ladrões assaltam e roubam. Ajuntai riquezas no céu, onde nem a traça nem a ferrugem as corroem, onde os ladrões não arrombam nem roubam. Pois onde estiver vosso tesouro, aí também estará o coração (Mt, 6,19-21).

Era importante dizer a todos que o tesouro precioso vem do alto, vem de Deus:

> Eu sou o pão da vida. Vossos pais comeram o maná no deserto e morreram. Este é o pão que desce do céu, para que não morra quem dele comer. Eu sou o pão vivo descido do céu. Se alguém comer deste pão viverá para sempre. E o pão que eu darei é a minha carne para a vida do mundo (Jo 6,48-51).

O pão da vida pode ser comparado ao tesouro dado por Deus: Jesus vem para alimentar a humanidade, saciar a fome e a sede de justiça, de paz e do amor divino. Quem vai até Ele "não terá fome" e "jamais terá sede" (Jo 6,35).

Jesus, aos poucos, apresentava o caminho para o Amor. Amor que ilumina a vida do povo que vivia cansado "como ovelhas sem pastor" (Mc 6,30-34); que fortalece a vida de quem estava perdido, mergulhado na experiência da morte e provando a miséria mais extrema, que deseja voltar à vida de amor (cf. Lc 15,11-32). O seu amor alimenta! Sua sensibilidade era a prova de que seu amor promovia saciedade para os seus ouvintes e seguidores.

O pão e o peixe são alimentos simples e comuns para o povo e para Jesus. Sim, Ele se alimentava como o seu povo:

• Comia nas casas: Jo 4,1-12; 12,1-3; Lc 7,36-50; 14,1.7-14.

• Fazia refeições com seus discípulos: Jo 13,1-5; Jo 21,1-3.

No Novo Testamento vamos encontrar passagens que narram a iniciativa de Jesus em proporcionar momentos de partilha de vinho, de pão e de peixe com seus discípulos e seguidores. Da festa de casamento em Caná, com o milagre da transformação da água em vinho (cf. Jo 2,1-12) até a partilha dos pães e peixes na praia com seus discípulos (cf. Lc 24,36-49), vemos a atenção de Jesus. Seus olhos lançam um olhar generoso e repleto de amor sobre todas as pessoas.

Sua atitude de sentar-se à mesa com os discípulos, com os pobres ou com o chefe dos fariseus, com os pecadores e com sua família, é um convite para a espiritualidade da mesa que instaura um novo horizonte no dom da partilha e da comunhão (cf. At 4,32). A espiritualidade da mesa é centrada no amor do Pai, que nos acolhe e nos alimenta com sua Palavra; na presença do Ressuscitado, Filho Amado, que nos alimenta com sua luz, ilumina e abrasa nossa alma; na força do Espírito Santo, que nos alimenta com os sete dons, fonte de vida e comunhão.

Somos chamados para a experiência do encontro ao redor da mesa, que não pode excluir pessoas e nem permanecer vazia. É na mesa-altar que Jesus e seus convivas compartilham o amor, fruto da comunhão. Nesse contexto, o amor é fruto porque nos tornamos sinais de comunhão.

A mesa-altar era preparada para o banquete do amor, que se dava em uma mesa comum, na montanha, na praia, onde era possível acontecer a partilha dos frutos da terra, presente de Deus. Nela não faltavam corações disponíveis para a partilha, nem mãos abertas para a oferta.

Certa vez, Jesus e seus discípulos, em meio a uma grande multidão, prepararam um banquete no deserto.

Uma pausa para meditação!

> Os apóstolos voltaram para junto de Jesus e lhe contaram tudo que tinham feito e ensinado. Jesus lhes disse: "Vinde vós sozinhos para um lugar deserto e repousai um pouco". Pois eram tantos os que iam e vinham, que eles nem tinham tempo nem para comer. Eles partiram de barco para um lugar deserto e afastado. Mas vendo-os partir, compreenderam para onde iam, e de todas as cidades foram a pé e chegaram antes deles. Ao desembarcar, Jesus viu uma grande multidão de povo e sentiu compaixão dele, pois eram como ovelhas sem pastor. E pôs a ensinar-lhes muitas coisas. A hora já estava bem avançada, quando os discípulos se aproximaram de Jesus e disseram: "Este lugar é deserto

e a hora já está adiantada. Despede-os para irem aos sítios e povoados comprar alguma coisa para comer". Mas Jesus lhes disse: "Dai-lhes vós mesmos de comer". Eles lhe disseram: "Vamos então gastar duzentas moedas de prata para comprar pão e dar-lhes de comer?" Ele perguntou: "Quantos pães tendes? Ide ver". Tendo-se informado, disseram: "Cinco, e dois peixes". Então Jesus lhes deu ordens para que fizessem sentar a todos em grupos na grama verde. Sentaram-se em grupos de cem e cinquenta. Depois tomou os cinco pães e os dois peixes, levantou os olhos para o céu e rezou a bênção. Partiu, então, os pães e deu-os aos discípulos para distribui-los. Repartiu também os dois peixes entre todos. Todos comeram e ficaram saciados. Recolheram doze cestos cheios de pedaços de pão e restos de peixe. Os que tinham comido dos pães eram cinco mil os homens (Mc 6,30-44).

Podemos destacar alguns aspectos importantes desse Evangelho que servem como lições para a nossa vida: o lugar, a compaixão, a organização, os serventes, o não desperdício e a atenção à vontade de Deus.

O lugar: "Vinde vós sozinhos para um lugar deserto e repousai..." Um lugar deserto, retirado – longe da agitação e do nosso lugar de costume; lugar para o descanso – os discípulos de Jesus podem descansar, mas não podem fechar os olhos para as necessidades da comunidade. Saíram, mas foram reconhecidos! Somos reconhecidos como discípulos de Jesus, hoje?

A compaixão: "Jesus viu uma grande multidão de povo e sentiu compaixão dele, pois eram como ovelhas sem pastor". Esse sentimento experimentado por Jesus foi confirmado na sua decisão de alimentar aquela multidão. Nossa vida é um dom, porque Deus habita o nosso coração e não podemos deixar de oferecer nossa vida como pão que sacia a fome de quem caminha com a gente.

A organização: Jesus administra aquela situação com generosidade e prontidão. Ensinou, fazendo! "Dai-lhes vós mesmos de comer", disse Jesus. Temos que abrir os olhos para as possibilidades e não ficarmos cegos, fracos diante das limitações: "vamos, então, gastar duzentas moedas de prata para comprar pão?" Jesus acredita que todos podiam encontrar uma alternativa: "Quantos pães tendes? Ide ver". E com cinco pães e dois peixinhos, Ele organizou o banquete do Senhor: milagre do amor. Todos foram saciados!

Os serventes: Nos Evangelhos Sinóticos vamos encontrar a indicação de que Jesus conta com a participação de sua comunidade no momento da partilha. A missão dos Doze era seguir os passos de Jesus, escutando sua voz e anunciando o Reino, com gestos e palavras. Aprenderam com o Mestre. Vamos encontrar nos Evangelhos, com diferenças entre eles. Em Mateus 14,13-21; 15,32-39; Mc 6,30-44; 8,1-9; Lc 9,10-17 encontramos as versões sobre o milagre do pão. Nos Evangelhos sinóticos, Jesus entrega aos discípulos a tarefa de distribuir os pães e os peixes, são discípulos serventes e anunciadores de um Reino de justiça. A multiplicação dos pães e peixes nos Evangelhos sinóticos é de natureza sociológica, pois fala de como deve ser o Reino de Deus para as comunidades. A partilha de bens e a justiça social dão ênfase ao gesto de Jesus. Em João 6,1-13, o contexto é outro: a mesa-altar é preparada no alto da montanha e Jesus é aquele que serve: "Jesus tomou os pães, deu graças e deu-os aos que estavam sentados. Fez o mesmo com os peixes, dando-lhes o quanto queriam" (Jo 6,11).

Sem desperdício: Depois que todos foram saciados com o amor transbordante de Jesus, multiplicado nos pães e nos peixes, não desperdiçaram as sobras: "Recolhei os pedaços que sobraram, para não se perderem. Eles recolheram e encheram doze cestos cheios de pedaços que sobraram dos cinco pães de cevada" (Jo 6,12-13). O pão não faltará... Deus provê!

Atenção à vontade de Deus: Fizeram exatamente tudo conforme os comandos de Jesus. O pedido de Jesus era a expressão da vontade divina: nada de fome! Ainda que seja pouco, a partilha faz o milagre acontecer. Em atenção à palavra de Jesus, os discípulos foram iniciados na prática do amor, da solidariedade, da fraternidade e na participação de uma vida comunitária.

Pão e peixe são símbolos de sinodalidade. Sinalizam a partilha que nos mantém na esperança do pão de cada dia. Apontam para o caminho dos ensinamentos de Jesus. Todos que escutam a sua voz são capazes de identificar os pães e peixes que guardamos ou trazemos junto de nós.

O milagre da multiplicação dos pães é um chamado para uma vida nova, baseada na presença de Jesus que nos convida, diuturnamente, para o mandamento novo:

> O verdadeiro e único mandamento desta "nova vida" é o "amor". Aquele "que vem de Deus e que Jesus revelou com o mistério da sua presença entre nós". "Queridos catequistas, vocês são chamados a tornar visível e tangível a pessoa de Jesus Cristo, que ama cada um de vocês e por isso se torna regra de nossa vida e critério de julgamento de nossa ação moral. Nunca se afastem desta fonte de amor, porque

é a condição para ser felizes e cheios de alegria sempre e apesar de tudo" (FRANCISCO, 2022).

Com essas palavras, o Papa Francisco motiva os catequistas, participantes do III Congresso Internacional de Catequese, em setembro de 2022, no Vaticano, para um novo agir. Ele insiste na urgência de se "encontrar os melhores caminhos para que a comunicação da fé seja adequada à idade e à preparação de quem nos ouve". É como Jesus entregando os pães e os peixes para serem distribuídos: "Dai-lhes vós mesmos de comer" (Mc 6,37).

Os catequistas distribuem os ensinamentos de Jesus aos seus catequizandos. Um trabalho árduo, mas gratificante. A missão é: falar de Jesus para que busquem crescer na fé, até que todos, mergulhados no mistério de Cristo e de sua Igreja, falem com Ele.

O Papa Francisco, nesse mesmo discurso aos catequistas, fala em perseverança:

> Por favor: nunca vos canseis de ser catequistas. Não de "dar a aula" de catequese. A catequese não pode ser como uma lição escolar, mas é uma experiência viva da fé que cada um de nós sente o desejo de transmitir às novas gerações. Evidentemente, temos de encontrar as melhores formas para que a comunicação da fé seja adequada à idade e à preparação das pessoas que nos ouvem; no entanto, o encontro pessoal que temos com cada um deles é decisivo. Só o encontro interpessoal abre o coração para receber o primeiro anúncio e desejar crescer na vida cristã com o próprio dinamismo que a catequese permite atuar (FRANCISCO, 2022).

Uma comunidade sinodal se constrói ao redor da mesa para a comunhão que se revela na integração entre todos, formando um corpo bem articulado. Revelando-se, ao mesmo tempo, uma comunidade acolhedora e servidora no caminho do discipulado comunitário e missionário.

RODA DE CONVERSA NA COMUNIDADE

Reunir o grupo para uma roda de conversa:

1. Oração inicial
2. Ler o texto bíblico: Salmo 23
3. Tempo para a meditação
4. Deixar repercutir as palavras:

5. Pistas para a prática da comunhão:
   - Identificar as necessidades do povo, dentro e fora da Igreja.
   - Perseverar na convivência fraterna.
   - Servir com alegria a todos com compaixão e ternura.
   - Compartilhar o que somos e o que temos.
   - Escutar a voz do Senhor que nos convida para a prática do amor.
   - Formarmos uma rede de solidariedade em vista da justiça social.
6. Oração final

O pão e o vinho

Pão e peixe foram os alimentos partilhados com o povo para revelar que a vontade de Deus é que a vida seja cuidada e amparada pelo bem e pela justiça. Pão e vinho, pois, representam o alimento básico na mesa das casas e ganham simbologia na Páscoa judaica tanto pela memória da libertação do povo hebreu, escravo no Egito, como pelo prenúncio do que viria a ser a Santa Ceia do Senhor. Pão e vinho ocupam o lugar do sacrifício na Páscoa, comemorada por Israel, assim como foi estabelecido por Deus (cf. Ex 12).

Pão e vinho sempre foram alimentos comuns no tempo de Jesus e, antes Dele, já eram comuns para os judeus, sobretudo para a bênção na celebração da Páscoa, como memorial da libertação

O pão

Na Sagrada Escritura encontramos o pão como alimento essencial para a vida e como símbolo da necessidade básica para o ser humano:

- Gn 1,29: Deus disse: "Eis que vos dou todas as plantas que produzem semente e que existem sobre a terra, e todas as árvores que produzem fruto com semente, para vos servirem de alimento".

- Gn 3,19: "Comerás o pão com o suor do teu rosto, até voltares à terra donde foste tirado".

- Gn 14,18-19: Melquisedec, rei de Salém, trouxe pão e vinho e, como sacerdote de Deus Altíssimo, abençoou Abrão, dizendo: "Bendito seja Abrão pelo Deus Altíssimo, Criador do céu e da terra!"

- Ex 16,11-12: O Senhor falou a Moisés: "Eu ouvi as reclamações dos israelitas. Dize-lhes: Ao anoitecer comereis carne e amanhã cedo vos fartareis de pão. Assim sabereis que eu sou o Senhor vosso Deus".

- Ex 16,16: Moisés lhes disse: "Esse é o pão que o Senhor vos dá para comer. Eis o que o Senhor vos mandou: Recolhei a quantia que cada um de vós necessita para comer, quatro litros e meio por pessoa, de acordo com o número de pessoas; cada um recolherá para os que moram em sua tenda".

- Ex 23,25: "Servireis ao Senhor vosso Deus, e Ele abençoará teu pão e tua água, e afastará do teu meio as enfermidades".

- Dt 8,3: "Alimentou-te com o maná que nem tu, nem teus pais conheciam, para te mostrar que nem só de pão vive o ser humano, mas de tudo que procede da boca de Deus".
- Pr 9,5-6: "Vinde comer do meu pão e beber do vinho que preparei. Deixai a ingenuidade e vivereis, segui o caminho da inteligência!"
- Pr 22,9: "Quem tem um olhar bondoso será abençoado, porque reparte seu pão com o pobre".

Também os Salmos destacam o pão em vários de seus versículos, dentre eles: Sl 36,25; 40,10; 103,14-15; 131,15; 145,7.

O pão alimenta e sustenta a vida. Os filhos e filhas de Deus pedem com fé o pão de cada dia, como ensinou Jesus: "O pão nosso de cada dia dá-nos hoje" (Mt 6,11). O pão é sinal de bênção (cf. Sl 132,15).

O vinho

Já o vinho simboliza alegria, luxúria, abundância, satisfação e, também, prosperidade e festa, levando a pessoa à satisfação e ao regozijo.
- Est 1,7: "Para beber, havia copos de ouro, todos diferentes, e abundância de vinho real, conforme a liberalidade do rei".
- Sl 4,8: "Deste ao meu coração mais alegria do que outros têm na fartura de trigo e vinho".
- Pr 31,6-7: "Que se dê licor ao que vai morrer e vinha aos amargurados. Bebendo, esquecerá de sua miséria e já não se lembrará do seu penar".
- Ecl 9,7: "Anda, come teu pão com alegria e bebe contente teu vinho, porque Deus se agrada de tuas obras".
- Ct 1,2: "Sua boca me cubra de beijos! Melhores do que o vinho são suas carícias".
- Ct 7,3: "Teu umbigo é uma taça redonda; que não lhe falte o licor! Teu ventre é um monte de trigo, cercado de lírios".
- Ct 8,2: "Eu te levaria, introduziria-te na casa de minha mãe, e tu me ensinarias; eu te darei de beber vinho aromático e suco de minhas romãs".
- Sb 2,7: "Inebriemo-nos de vinho precioso e de perfumes e não deixemos passar nenhuma flor primaveril!"
- Is 55,1: "Oh! Vós todos que tendes sede, vinde às águas. Mesmo que não tenhais dinheiro, vinde! [...] vinde beber vinho".

• Dn 5,1-2.4: "O Rei Baltazar deu um grande banquete aos seus mil altos funcionários e diante deles bebeu muito vinho. Sob a ação do vinho, Baltazar mandou buscar as taças de ouro e prata que seu pai Nabucodonosor tinha tirado do templo de Jerusalém, para com elas beberem o rei, os altos funcionários, as mulheres e concubinas. [...] Enquanto bebiam vinho, louvavam seus deuses de ouro e prata, bronze e ferro, madeira e pedra".

Como indicam tantas referências na Sagrada Escritura, o pão e o vinho foram usados por Jesus em suas refeições e em sua catequese. Com seus ensinamentos fica claro que não precisamos apenas de pão e vinho para viver. Precisamos do pão espiritual e do vinho novo, oferecidos por Jesus. Jesus é o Pão da Vida (cf. Jo 6,51), pão que nos mantém espiritualmente vivos e fortalecidos para a nossa missão. Ele nos dá o Pão de Deus para que aqueles que se alimentam desse pão tenham a vida eterna (cf. Jo 6,58).

Jesus se alimentou nas casas por onde passou e formou sua Igreja para posteriormente usar o pão e o vinho no memorial de sua paixão, morte e ressurreição. Jesus deixou para a sua Igreja um novo memorial:

> Porque eu recebi do Senhor o que vos transmiti: o Senhor Jesus, na noite em que foi entregue, tomou o pão e, depois de dar graças, partiu-o e disse: "Isto é o meu corpo, que se dá por vós; fazei isto em memória de mim". Do mesmo modo, depois de cear, tomou o cálice, dizendo: "Este cálice é a nova aliança no meu sangue; todas as vezes que dele beberdes, fazei-o em memória de mim". Pois todas as vezes que comerdes desse pão e beberdes desse cálice, anunciareis a morte do Senhor, até que Ele venha (1Cor 11,23-26).

Para os cristãos católicos a Eucaristia é o Corpo de Cristo: pão e vinho não são simplesmente sinais, mas a presença real de Jesus. Na Eucaristia, Jesus alimenta, une e sustenta a Igreja em sua natureza e missão.

> A Igreja vive da Eucaristia. Esta verdade não exprime apenas uma experiência diária de fé, mas contém em síntese o próprio núcleo do mistério da Igreja. É com alegria que ela experimenta, de diversas maneiras, a realização incessante desta promessa: "Eu estarei sempre convosco, até ao fim do mundo" (Mt 28,20); mas, na sagrada Eucaristia, pela conversão do pão e do vinho no corpo e no sangue do Senhor, goza desta presença com uma intensidade sem par (EE, n. 1).

Somos todos convidados a viver em comunhão com o Senhor, como sinais visíveis de sua presença no mundo. A Eucaristia é a fonte e o centro de toda a vida cristã (cf. CigC, n. 1324). A participação na ceia Eucarística requer viver uma vida eucarística, fazendo de nossa vida uma verdadeira ação de graças.

> Enquanto nos une a Cristo, arrancando-nos dos nossos egoísmos, a Comunhão nos une a todos aqueles que são um só nele. Eis o prodígio da Comunhão: tornamo-nos aquilo que recebemos! (FRANCISCO, 2018).

Todos nós somos chamados para darmos testemunho de um serviço de comunhão à comunidade onde reconhecemos o sentido de pertença e à Igreja universal, o Corpo de Cristo (cf. Rm 12,5; Ef 4,12).

Nossa comunidade, nesse caminho sinodal, não pode se cansar de trabalhar para que não falte o vinho novo da esperança, símbolo do encontro de Deus com sua humanidade (cf. Jo 2,1-11).

Foi numa festa de casamento, que a manifestação da glória de Jesus aconteceu. Ali, com sua mãe Maria e seus discípulos, teve início os "sinais" de Jesus. O Esposo messiânico, Jesus Cristo, veio para estabelecer uma nova e eterna Aliança, por isso transformou a água em vinho; o vinho que simboliza a esperança, a alegria, que brotam do amor. A fartura de vinho na Bodas de Caná é sinal do amor transbordante de Jesus, revelado em todos os seus sinais até derramar seu sangue na cruz, quando sela a eterna aliança, pacto nupcial com a humanidade.

O Papa Bento XVI, fala em seu livro Jesus de Nazaré (2007): "A fartura das Bodas de Caná é, pois, um sinal de que começou a festa de Deus com a humanidade, a Sua auto-oblação pelos homens" (Papa Bento XVI, p. 129).

Uma Igreja sinodal faz transbordar a alegria da vida comunitária, sustentada no amor que vem de Deus. Para isso, podemos imitar o exemplo de silêncio, obediência, generosidade e disponibilidade de Maria, a mãe fiel e sensível às necessidades do povo (cf. Jo 2,3). Como ela, caminhamos construindo comunhão, fazendo de nossa vida uma oferta agradável a Deus. Com ela, escutamos o que diz o Senhor (cf. Jo 2,5).

Roda de conversa na comunidade

Reunir o grupo para uma roda de conversa:

1. Oração inicial
2. Ler o texto bíblico: Salmo 120
3. Tempo para a meditação
4. Deixar repercutir as palavras:

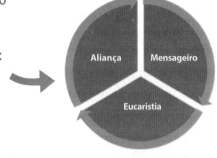

5. Pistas para a prática da comunhão:
   - Reconhecer que nossa vida pode ser sinal de comunhão.
   - Investir na experiência de interação entre fé e vida para fortalecer nossa identidade.
   - Ter presente que a Eucaristia é fonte de toda a vida cristã.
   - Promover oportunidades de integração entre todas as pessoas, grupos na comunidade.
   - Favorecer momentos de espiritualidade para cultivar a vida como ação de graças.
6. Oração final

Participação

O tesouro

Como vimos, encontramos pistas para a sinodalidade nos Evangelhos com os ensinamentos de Jesus. Falamos sobre a COMUNHÃO e, agora, vamos falar de PARTICIPAÇÃO. Como Jesus preparou sua comunidade para uma vida a serviço da participação. A nossa vida é um dom, uma riqueza imensa que recebemos como um presente dado por Deus. A Boa-nova de Jesus é sobre isso! Ele é o cuidador da vida, participa da vida de sua gente, mostrando que Ele e o Pai nunca param de trabalhar: "Meu Pai continua trabalhando até agora e eu também trabalho" (Jo 5,17). A participação de Jesus, em favor da vida, é a confirmação de que Ele é o missionário do Pai.

Com muita transparência em suas palavras, Jesus, grande incentivador para a participação na construção do Reino, não se cansa de chamar operários para a messe, mas não ilude ninguém. Ele não engana e nem promete segurança material ou riqueza como pagamento pelo trabalho realizado, mas garante a vida eterna: "As raposas têm tocas e os pássaros do céu, ninhos, mas o Filho do Homem não tem onde repousar a cabeça" (Mt 8,20). Seguir Jesus é um trabalho árduo que requer paciência, determinação e disciplina para não fugirmos do plano de vida proposto. É um trabalho para garantir a vida digna e iluminada, como Ele mesmo disse: "Eu sou a luz do mundo. Quem me segue não andará em trevas, mas terá a luz da vida" (Jo 8,12).

A participação de Jesus, como Filho enviado para fazer o bem, chegou a ser motivo de preocupação para as autoridades da época. Levantaram dúvidas sobre sua autoridade, sobre seu testemunho e sobre suas palavras e gestos. Tentaram calar sua voz e sufocar a esperança que crescia no coração da multidão que o seguia. Tramaram contra Ele: "O que faremos? Este homem faz muitos sinais. Se o deixarmos assim, todos vão acreditar nele; depois virão os romanos e destruirão nosso lugar santo e nossa nação" (Jo 11,47-48). Mas todas as tentativas foram frustradas! Jesus não parava de amar, de acolher e de servir, não se cansava de anunciar o Reino de Deus. De todas as parábolas sobre o Reino, encontramos no Evangelho de Mateus uma revelação significativa sobre o que Deus nos oferece: "O reino dos céus é semelhante a um tesouro escondido num campo" (Mt 13,44).

Deus nos oferece uma riqueza, um tesouro! Jesus fala de um tesouro escondido. Assim, Jesus usou a expressão para definir o "Reino dos céus"; não é algo que se avista facilmente, sem esforço e desejo de colocá-lo. Precisa ser descoberto! Essa busca pede: tempo, coragem, esforço, disponibilidade, estratégias e alegria. Mas não vamos confundir esconder com enterrar; Deus não enterra o tesouro, Ele o esconde para ser encontrado. É tesouro escondido, quem o encontra tem sua vida transformada.

Para Jesus, anunciar o Reino de Deus é um compromisso de amor em favor da vida dos filhos e filhas de Deus que estavam sedentos de justiça e paz. Ele mesmo convida para a participação no Reino: "Quem o encontra esconde-o de novo e, cheio de alegria, vai vender tudo o que tem e compra o campo" (Mt 13,44). O homem da parábola descobre e reconhece o valor daquele tesouro, percebe que seu brilho está escondido e torna a escondê-lo, até que tenha condições de comprar o campo. Aquele homem se empenha por merecer e conquistar o tesouro.

Na catequese, favorecemos o encontro pessoal com Jesus Cristo e despertamos os catequizandos para muitas conquistas. A mensagem que transmitimos precisa ser acolhida, saboreada por todos eles. A verdade da fé que anunciamos precisa ser guardada como um tesouro. O tesouro da nossa fé tem que nos dar a confiança de que não estamos sozinhos e a certeza de que nossa vida será renovada para que sejamos dignos de seguirmos os passos de Jesus, promovendo comunhão e motivando as pessoas para a participação na construção de uma comunidade orante, fraterna e missionária.

Com nossos catequizandos, assumimos a tarefa cotidiana de buscar proximidade com a Palavra de Deus e de nos colocarmos em sintonia com a fé de Jesus, escutando sua voz, pensando como Ele, amando como Ele e vivendo como Ele viveu. Essa tarefa não pode ser um sacrifício, mas precisa ser construção da felicidade. Sim, a felicidade de quem encontra um tesouro!

Como despertar em nossos catequizandos o desejo de enxergar o amor de Deus misteriosamente escondido nos acontecimentos e sinais de sua presença? Como vamos falar de um Reino que, para muitos, ainda continua escondido e não foi encontrado? Esse é um grande desafio para a nossa evangelização. Muitos evangelizadores gostam de falar de coisas obvias, fáceis; gostam de acelerar o tempo, de resumir o conteúdo e tornar a ação evangelizadora superficial ou pouco encantadora e, com isso, as sementes não germinam. Faltaram frutos, faltaram cristãos conscientes de sua identidade e missão.

Fiquemos atentos!

> Isso constitui grande desafio que questiona a fundo a maneira como estamos educando na fé e como estamos alimentando a experiência cristã; desafio que devemos encarar com decisão, coragem e criatividade, visto que em muitas partes a iniciação cristã tem sido pobre ou fragmentada. Ou educamos na fé, colocando as pessoas realmente em contato com Jesus Cristo e convidando-as para segui-lo, ou não cumpriremos nossa missão evangelizadora (DAp, n. 287).

Colocar as pessoas em contato com Jesus é possibilitar a experiência do encontro que dá um novo valor à vida, ao que vivemos e ao modo como passamos a enxergar o mundo e as pessoas. Esse encontro pessoal com Jesus Cristo nos torna capazes de enxergar aquele "tesouro escondido", anima-nos para conquistarmos o Reino. Uma conquista que não acontece sem esforço e participação, sem unidade e fidelidade às palavras e ensinamentos de Jesus.

O tesouro conquistado traz de volta a alegria, a qual ninguém pode nos roubar. O Papa Francisco concluindo uma Audiência Geral, em 2016, disse:

> Com efeito, às vezes o cansaço deriva da nossa confiança em coisas que não são essenciais, porque nos afastamos do que realmente tem valor na vida. O Senhor ensina-nos a não ter medo de o seguir, porque a esperança que temos nele não será desiludida. Assim, somos chamados a aprender dele o que significa viver de misericórdia para sermos instrumentos de compaixão [...] Manter o olhar fixo no Filho de Deus faz-nos entender como é longo o caminho que ainda devemos percorrer; ao mesmo tempo, infunde-nos a alegria de saber que caminhamos com Ele e nunca estamos sozinhos. Ânimo, pois, coragem! Não deixemos que nos tirem a alegria de ser discípulos do Senhor [...] não permitamos que nos roubem a esperança de levar esta vida com Ele e com a força da sua consolação (FRANCISCO, 2016).

O que o Papa Francisco nos pede é atenção para não permitirmos que nos impeçam de viver a esperança de alcançar o Reino e a alegria de nos tornarmos instrumentos de amor no caminho do discipulado.

Vamos construir em nossas comunidades espaços de participação e integração das famílias. A vida comunitária é um tesouro que reflete a alegria do encontro com o Senhor; uma experiência vital para que cada cristão possa "recuperar sua identidade batismal e sua ativa participação na vida da Igreja" (DAp, n. 312).

A Catequese precisa estimular a participação de todos os sujeitos do processo de evangelização na vida eclesial, à luz da Palavra de Deus. Todo o processo de evangelização está sustentado na consciência de pertencimento a Cristo, aquele que nos chamou, como chamou e escolheu seus primeiros discípulos colaboradores: "Subiu ao monte e chamou os que Ele quis. E foram ter com Ele. Escolheu doze entre eles para ficarem em sua companhia e para enviá-los a pregar" (Mc 3,13-14). Nessa passagem do Evangelho de Marcos, temos a confirmação de que Jesus chama para a participação: "Ser d'Ele"! Um chamado que muda a vida de quem escuta sua voz.

> O discípulo experimenta que a vinculação íntima com Jesus no grupo dos seus é participação da Vida saída das entranhas do Pai, é formar-se para assumir seu estilo de vida e suas motivações (cf. Lc 6,40b), correr sua mesma sorte e assumir sua missão de fazer novas todas as coisas (DAp, n. 131).

Uma comunidade sinodal constrói pontes para a unidade, para a integração das pessoas na ação evangelizadora, como protagonistas e não destinatários. Todos os membros de uma comunidade são responsáveis pela vida de fé e pela missão de anunciar as novidades do Reino. A comunidade, quando encontra o tesouro escondido, abre o coração e as mãos para a partilha da esperança, participa da vida do Ressuscitado e se compromete com sua luz, sendo iluminada e iluminadora em todas as suas atividades.

Sabemos que a missão evangelizadora da comunidade eclesial segue por um caminho de variada participação, quando respeita o ritmo e a capacidade de cada pessoa, acolhida e acompanhada na fé, em sua inserção à vida comunitária. É sempre importante responder aos desafios, reconhecendo a realidade local e pessoal, em vista de um relacionamento entre essa realidade e a ação pastoral orgânica. Esse olhar sobre a realidade constitui um importante passo para uma ação planejada: processo de reflexão e de ações concretas.

Voltando ao homem da parábola contada por Jesus (cf. Mt 13,44), ele precisou de tempo para se organizar. Planejou sua ação:

- encontrou o tesouro – buscou, estava à procura de algo;
- viu que estava escondido – cavou, esforçou-se para encontrar o tesouro;
- esconde de novo – encanta-se com aquilo que encontra;
- reveste-se de alegria – reconhece a riqueza do tesouro;
- vende tudo o que tem – renuncia ao que tem para algo muito mais precioso;
- compra aquele campo – toma posse do que será seu.

Essa atitude remete à participação de todos os cristãos e sua presença ativa no mundo. Encontrar o tesouro escondido é um redescobrimento da fé (cheio de alegria) para um novo impulso na evangelização do povo amado de Deus (vende tudo o que tem para comprar aquele campo).

Roda de conversa na comunidade

Reunir o grupo para uma roda de conversa:

1. Oração inicial
2. Ler o texto bíblico: Salmo 92
3. Tempo para a meditação
4. Deixar repercutir as palavras:

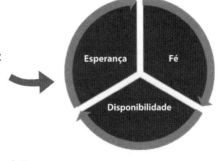

5. Pistas para a prática da comunhão:
   - Estimular a participação de todos na ação evangelizadora da comunidade eclesial.
   - Valorizar o sentido da vida sacramental.
   - Motivar para a participação comunitária e compromisso social.
   - Assegurar a participação de crianças, adolescentes e jovens, acolhendo suas famílias na comunidade.
6. Oração final

O sal e a luz

A comunidade dos discípulos de Jesus, formada na Escola do Mestre, foi enviada para ser "sal da terra e luz do mundo". A princípio, parecia ser um mandado inusitado: "ser sal" para dar gosto, para preservar; "ser luz" para iluminar, clarear a vida de fé dos novos seguidores de Jesus. Dar testemunho da fé e da verdade num mundo cheio de contradições, de injustiças e de forte influência política, religiosa e cultural, sobretudo em Jerusalém, que se tornou uma cidade romana após 6 d.C. Toda essa situação gerava grandes conflitos. A brutalidade e as imposições impostas pelo Império Romano assolavam a vida dos judeus com uma cultura de violência. O templo era fonte de comércio, atraía grande número de peregrinos nas três festas mais importantes para o judaísmo (Páscoa, Festa das Colheitas ou Semanas e a Festa dos Tabernáculos ou Cabanas). O sistema comercial tornou-se um meio de corrupção colocando em evidência a desonestidade das autoridades religiosas de Israel.

A vida social também não era nada tranquila. A sociedade era dividida entre ricos e pobres em seus diferentes grupos sociais:

- classe rica: grandes proprietários, grandes comerciantes e a nobreza sacerdotal.
- classe média: pequenos comerciantes artesãos e sacerdotes.
- os pobres: trabalhadores diários, trabalhadores não remunerados, escribas e escravos.

No tempo de Jesus a população vivia em meio a uma situação de miséria e extrema mendicância e foi nesse contexto que Ele viveu e formou sua comunidade. A força da verdade era o selo que confirmava sua nova proposta de vida. Jesus atraía pessoas de todas as classes sociais e hierárquicas. Para todos tinha uma fala revestida de novidade, desde as suas primeiras palavras registradas no Evangelho de Marcos: "Completou-se o tempo, e o Reino de Deus está próximo. Convertei-vos e crede no Evangelho" (Mc 1,15).

Era necessário crer no Evangelho para ser seu discípulo. Ele não se cansava de ensinar: "Ensinava-lhes muitas coisas em parábolas" (Mc 4,2). Era importante para os discípulos de Jesus manterem uma vida disponível para testemunhar o que dele recebiam:

> Por acaso se traz a lamparina para colocá-la debaixo de uma vasilha ou debaixo da cama? Não é para colocá-la num candelabro? Pois não há

nada oculto que não seja descoberto, e nada há escondido que não venha à plena luz. Quem tiver ouvidos para ouvir, que ouça (Mc 4,21-23).

Tal ensinamento de Jesus será retomado por Mateus no Sermão da Montanha, quando ele proclama as bem-aventuranças e evoca os pobres de Deus (cf. Sf 2,3) como destinatários do Reino de Deus. Ele fala:

> Vós sois o sal da terra. Mas se o sal perde o gosto salgado, com o que se há de salgar? Já não servirá para nada, apenas para ser jogado fora e pisado pelas pessoas. Vós sois a luz do mundo. Não é possível esconder uma cidade situada sobre um monte, nem se acende uma lamparina para se pôr debaixo de uma vasilha, mas num candelabro, para que ilumine todos os da casa. É assim que deve brilhar vossa luz diante das pessoas, para que vejam vossas boas obras e glorifiquem vosso Pai que está nos céus (Mt 5,13-16).

Aqui está uma das mensagens inspiradoras deixadas por Jesus para um caminho sinodal. Enquanto caminhamos, como Igreja peregrina, não podemos deixar que se perca o sabor da nossa fé e da nossa esperança. Assim como o sal que não proporciona sabor não serve para mais nada, uma vida vazia e triste não ajuda na hora de darmos testemunho.

Ser sal e luz é estabelecer uma relação estreita com a palavra de Jesus, no testemunho que leva outras pessoas a seguir os passos de Cristo. Como podemos conferir, no Evangelho de Mateus, todos são chamados para um programa de vida (bem-aventuranças) e para a responsabilidade de anunciar o Reino, em vista de um futuro bom, sendo uma presença diferenciada no meio do povo de Deus.

Ser sal da terra e luz do mundo é assumir o compromisso com a identidade cristã que se revela no pensar e no agir, de modo diferenciado e coerente com os princípios evangélicos, humanizando as relações e cultivando a cultura da vida, mais justa e plena: "Se, porém, andamos na luz, assim como Ele mesmo está na luz, estamos em comunhão uns com os outros" (1Jo 1,7).

A proposta de Jesus é para uma participação livre e consciente, promovendo sinais de comunhão na vida do povo.

O Papa Francisco, em viagem apostólica a Sarajevo (Bósnia e Herzegovina), falou aos jovens, mas a mensagem serve não somente aos jovens de hoje, mas a todos nós:

Sois chamados a esta missão: salvar a esperança, para a qual vos impele a vossa própria realidade de pessoas abertas à vida; a esperança que tendes de superar a situação atual, de preparar para o futuro um clima social e humano mais digno do que o presente; a esperança de viver num mundo mais fraterno, mais justo e pacífico, mais sincero, mais à medida do homem. Desejo-vos que tenhais uma consciência cada vez maior de serdes filhos desta terra, que vos gerou e pede para ser amada e ajudada a reedificar-se, a crescer espiritual e socialmente, graças também à contribuição indispensável das vossas ideias e do vosso trabalho (FRANCISCO, 2015).

Essa mensagem do Papa Francisco: "salvar a esperança", é feliz e atemporal. Só quem está aberto à vida pode salvar a esperança, pois ela mantém viva a vida que habita em nós. Ele convida a juventude para um caminho de construção do futuro mais humano e digno, de um mundo mais fraterno, justo, pacífico e sincero, da consciência de ser filho da terra (da própria realidade), de crescer espiritualmente e na convivência com o próximo. Em outras palavras, o papa convida a juventude para o que disse Jesus: "Vós sois sal da terra e luz do mundo".

Esse discurso chega a nós como grande motivação para assumirmos a tarefa de sermos uma presença diferenciada no mundo. A nossa identidade cristã precisa ser assumida com amor e na gratuidade, pois temos a missão de viver e testemunhar os valores cristãos, levando o Evangelho ao coração das pessoas que procuram o Senhor. Para isso, fomos chamados!

Outra tarefa importante para os discípulos missionários de Jesus, hoje, é trabalhar, com determinação e fidelidade, o bom propósito de humanizar as relações. A nossa convivência familiar, social ou comunitária, é uma oportunidade para nos acolhermos uns aos outros com amor e darmos testemunho de nossa comunhão com o Deus vivo, fonte de vida e amor.

A essência do Deus vivo é, portanto, o seu amor em eterno movimento de êxodo de si, como Amor amante; de acolhida de si, como Amor amado; de regresso a si e de infinita abertura ao outro na liberdade, como Espírito do amor trinitário. A essência do Deus cristão é o amor no seu processo eterno, é a história trinitária do amor, é a Trindade como história eterna de amor, que suscita, assume e perpassa a história do mundo, objeto do seu puro amor (FORTE, 2003, p. 100-101).

Todo esforço para vivermos e testemunharmos nossa participação nesse processo eterno de amor ganha força quando nos empenhamos para cultivarmos a cultura da vida, valorizando a vida humana com respeito à dignidade da pessoa humana, em todos os seus direitos, da concepção até a morte natural. Todos nós cristãos deveríamos incentivar as novas gerações para um compromisso autêntico com a cultura da vida, tornando-se mais explícito no modo de pensar e nas atitudes, em todas as atividades presencias ou virtuais. A cultura da vida precisa ser compartilhada na mídia, na arte, na música e na literatura, bem como nas instituições educativas e culturais, nos projetos de lei e de políticas públicas.

A grande inspiração para a comunidade "sal da terra e luz do mundo", no caminho da sinodalidade, é a participação na construção de uma identidade cristã que tem sua origem na iniciativa de Deus que revela sua presença mediada pelo conhecimento e pela experiência.

> A revelação divina não é, em sua origem, uma doutrina, e sim a livre-iniciativa de Deus que se comunica manifestando-se em fatos, que determinam uma experiência-de-salvação, a qual é interpretada e fixada numa mensagem escrita (GIBELLINI, 1998, p. 332-333).

Uma comunidade sinodal procura, à luz do Evangelho, restaurar sua vida na força que vem pela luz do Espírito que renova e mantém viva a esperança cristã. Tenhamos a coragem de enfrentar os desafios e o risco de nos embriagarmos pelo vazio de esperança. Ao dizer: "Vós sois o sal da terra e a luz do mundo", Jesus fala da importância e do direito que o mundo tem de reconhecer a presença diferenciada de seus discípulos no cumprimento da missão: anunciar as novidades do Reino e revelar a beleza da solidariedade e da reconciliação.

> É necessário afirmar vigorosamente o primado da pessoa sobre a mera lógica do mercado e sobre a absolutização do lucro. E isso poderá ser feito de modo particularmente convincente caso a ação se inspire no projeto de Deus para um autêntico crescimento humano, como revelado em Jesus Cristo e proclamado pela Igreja. Não seria digna de crédito a ação inspirada na solidariedade, se os cristãos não mostrassem nos fatos a sua capacidade de recíproca acolhida e de diálogo dentro das Igrejas e comunidades eclesiais (FORTE, 2003, p. 149).

Uma grande inspiração de sinodalidade à luz de Mt 5,13-16 é a motivação para que os cristãos, peregrinos no caminho da felicidade, busquem fortalecer o vínculo de pertença para ser sujeito eclesial que significa

> Ser maduro na fé, testemunhar amor à Igreja, servir os irmãos e irmãs, permanecer no seguimento de Jesus na escuta obediente à inspiração do Espírito Santo e ter coragem, criatividade e ousadia para dar testemunho de Cristo (CNBB, Doc. 105, n. 119).

O testemunho cristão é fundamental para o seguimento de Jesus. É a resposta de fé que confirma a experiência de comunhão com o Senhor e de participação na história da Igreja, testemunhando a razão de sua esperança em Cristo (cf. 1Pd 3,15).

Aspectos de um testemunho mais autêntico:

- experiência pessoal do encontro com Jesus – o encontro deve ser livre e pessoal;
- conversão – crescer na confiança e na entrega de si mesmo para o plano de Deus;
- espiritualidade – construir uma vida espiritual direcionada pelo Espírito Santo;
- vida de oração – estabelecer um relacionamento de filial submissão com o Pai;
- humildade – praticar a virtude da humildade à luz das atitudes do Mestre;
- alegria – compartilhar a alegria no viver e anunciar a fé cristã.

Roda de conversa na comunidade

Reunir o grupo para uma roda de conversa:

1. Oração inicial
2. Ler o texto bíblico: Salmo 118,33-48
3. Tempo para a meditação
4. Deixar repercutir as palavras:

5. Pistas para a prática da comunhão:
   - Promover a corresponsabilidade e a participação efetiva de todos os fiéis na vida das comunidades.
   - Apoiar a participação da comunidade na construção e uma sociedade justa para a vigência da democracia.
   - Motivar para o testemunho autêntico de vida cristã.
6. Oração final

O fermento

O fermento faz a massa crescer! Acontece uma reação de fermentação e as leveduras começam a digerir os açúcares quando misturamos a farinha com o oxigênio da água. Basicamente, é assim que podemos explicar o crescimento da massa. Precisa acontecer a mistura dos elementos necessários, uma importante ação de cada parte da mistura.

Trata-se de uma "laboração". Sim, o trabalho das partes em favor do objetivo: a massa perfeita para um pão de qualidade.

Jesus, ao usar o fermento em suas falas, resgata não apenas o processo na fabricação de alimentos, mas também o aspecto religioso.

Sabemos que o pão era o alimento básico na mesa das pessoas no tempo de Jesus. Por ser tão importante na refeição judaica, Jesus traz para a oração do Pai-nosso a expressão: "O pão nosso de cada dia dá-nos hoje" (Mt 6,11). Ele propõe uma atitude de confiança na providência divina.

O significado figurado do fermento na Bíblia tanto representa a ideia negativa de sua influência que leva ao pecado, símbolo do mal e da corrupção humana. Podemos encontrar alguns textos que sinalizam essa relação do fermento com o mal:

- Ex 13,7;
- Ex 23,18;
- Jr 7,18;
- Os 7,3-4.

Para a tradição religiosa o processo de fermentação sugeria decomposição e corrupção, o que implicava uma contaminação ritual. Mas, encontramos em outros textos um significado positivo do pão levedado, ou seja, com fermento:

- Lv 7,13;
- 2Sm 13,8.

Sobre o pão sem fermento:

- Ex 12,15-20;
- Ex 13,1-10;
- Lv 23,6-14;
- Js 5,11.

Nos ensinamentos de Jesus sobre o pão, aprendemos que ele deve ser repartido entre os amigos (cf. Jo 13,18), ser oferecido aos convidados (cf. Lc 11,5-8), ser multiplicado para ser oferecido à multidão (cf. Mc 6,30-44). Também é símbolo das necessidades materiais (cf. Mt 6,11), do Pão que vem de Deus (cf. Jo 6,51) e como símbolo da eucaristia e fonte de comunhão: com o Deus e com o próximo (cf. At 2,42; 1Cor 10,15-18).

O pão, como símbolo da eucaristia, é sinal da unidade! Na Carta aos Coríntios, Paulo fala que da união entre Cristo e o povo, os cristãos: "Uma vez que há um só pão, nós formamos um só corpo, embora sejamos muitos, pois todos participamos do mesmo pão" (1Cor 10,17). Com muita sabedoria e verdade, o Papa Francisco fala do mistério de Deus, presente num pedaço de pão:

> A onipotência de Deus é humilde, feita apenas de amor; e o amor faz grandes coisas com as coisas pequenas. Assim a Eucaristia nos ensina: nela, está Deus encerrado num bocado de pão. Simples, essencial, pão partido e partilhado, a Eucaristia que recebemos nos transmite a mentalidade de Deus. E leva a darmo-nos, a nós mesmos, aos outros. É antídoto contra afirmações como estas: "lamento, mas não me diz respeito", "não tenho tempo, não posso, não é da minha conta". Antídoto contra o virar a cara para o outro lado (FRANCISCO, 2018b).

Mesmo com todos esses ensinamentos sobre o pão, Jesus faz, também, uma advertência sobre o fermento, relacionando-o com a prática da falsidade e da mentira: "Abri os olhos e tomai cuidado com o fermento dos fariseus e com o fermento de Herodes!" (Mc 8,15; Mt 16,6; Lc 12,1). De uma forma mais explicita, em Lucas 12,1, Jesus fala sobre o fermento dos fariseus: a hipocrisia. A soberba e a hipocrisia dominam o coração dos adversários de Jesus, por isso o seu convite: abri os olhos, cuidado, é para evitar o modo de pensar e agir, contrário ao que Deus espera de seus filhos e filhas.

A crítica de Jesus sobre o fermento dos fariseus é uma advertência para os cristãos. O fermento para os cristãos é o Espírito santo, diz o Papa Francisco. Assim ele reflete as palavras de Jesus:

> O Senhor não tolera a hipocrisia: este aparecer bem, até com boas maneiras, mas com maus hábitos dentro [...] o Espírito Santo impele-te para fora, para o horizonte. E é precisamente assim que o Senhor "deseja que os cristãos sejam: gente que vai sempre em frente, com

dificuldades, sofrimentos, problemas, quedas, mas sempre em frente na esperança de encontrar a herança, porque tem o fermento da garantia, que é o Espírito Santo" (FRANCISCO, 2018).

Aqui está uma grande inspiração para os cristãos: sair para fora! Uma igreja sinodal não fica voltada para dentro. Temos que nos permitir sermos impulsionados pelo Espírito Santo, mesmo com tantos desafios e dificuldades e apesar de nossos pecados, para seguirmos o caminho da alegria e da comunhão, participando das ações evangelizadoras sempre com a esperança, nossa companheira.

O fermento (enzima, organismo) é um agente que faz a massa crescer. Ele é capaz de provocar a levedação; é responsável pelo crescimento da massa. Quando Jesus enviou seus discípulos em missão, foi para isso que Ele os enviou, para fazer a comunidade crescer: Os discípulos partiram e pregaram por toda parte (cf. Mc 16,20).

Hoje, somos nós, que estamos no meio do povo para fazer a massa crescer. Por isso, como disse o Papa Francisco, deixemos que o Espírito Santo nos ajude na missão. Não estamos sozinhos! A nossa catequese pode despertar no coração de nossos catequizandos o desejo de crescer na fé e na participação ativa da construção de uma comunidade eclesial missionária. Pode motivar a participação de todos eles no processo de renovação paroquial, certos de que cada um pode oferecer o seu melhor, pois "Um pouco de fermento leveda toda a massa" (Gl 5,9).

Uma boa catequese pode garantir que a oferta de cada pessoa, evangelizada e comprometida com a comunidade, seja o fermento bom e não o fermento velho, como São Paulo adverte aos coríntios: "Livrai-nos do velho fermento para serdes massa nova" (1Cor 5,7).

O cristão é um agente chamado a viver sua fé e assumir o seu protagonismo na caminhada de renovação paroquial. A realidade de nossas comunidades, que é bem complexa e desafiadora, estrutura os próprios traços de identidade no seu modo de ser, viver, crer e pertencer. Como fermento na massa, o agente de pastoral é chamado a buscar um novo agir, sobretudo quando a estrutura da comunidade é abalada com os ventos fortes da urbanização e das demandas de uma sociedade pluralista.

Não podemos fechar os olhos à importância da força vital da comunidade, a qual costuma gerar sinais de comunhão e participação, impulsionando para fora dela homens e mulheres que levam a alegria do Evangelho ao mundo.

É urgente lançar fora o fermento velho que impede o crescimento da comunidade e o empenho de motivar e articular novas ações evangelizadoras. É fundamental para as paróquias voltarem ao essencial e resgatar, com o chamado e o mandado de Jesus, o rosto de uma comunidade viva, capaz de dar testemunho de fé num mundo fortemente marcado pelo individualismo e de outros males que ferem a identidade de uma comunidade cristã. O Documento de Aparecida fala dessa urgência: a renovação paroquial.

> A renovação das paróquias no início do terceiro milênio exige a reformulação de suas estruturas, para que seja uma rede de comunidades e grupos, capazes de se articular conseguindo que seus membros se sintam realmente discípulos e missionários de Jesus Cristo em comunhão. A partir da paróquia, é necessário anunciar o que Jesus Cristo "fez e ensinou" (At 1,1) enquanto esteve entre nós. Sua pessoa e sua obra são a Boa-nova de salvação anunciada pelos ministros e testemunhas da Palavra que o Espírito desperta e inspira (DAp, n. 172).

"Que seus membros se sintam realmente discípulos missionários", essas palavras reforçam que a caminhada sinodal se dá no compromisso com o aprendizado (discípulos) e com a dinâmica do discipulado (missionários). É hora de abandonarmos o "velho fermento" e avançarmos na direção da renovação. Mas essa renovação deve se sustentar na fidelidade ao Espírito Santo, que nos leva ao testemunho de comunhão eclesial e de santidade, fazendo refletir, na vida e nas atividades, o mandamento do amor (cf. Jo 13,35).

Uma comunidade sinodal oferece o pão da alegria e da esperança para uma sociedade faminta, compromete-se com a superação das dores do nosso tempo:

> Na nossa cidade faminta de amor e solicitude, que sofre de degradação e abandono, perante tantos idosos sozinhos, famílias em dificuldade, jovens que dificilmente conseguem ganhar o pão e alimentar os seus sonhos, o Senhor diz-te: "Dá-lhes tu de comer". E tu podes retorquir: "Tenho pouco, não tenho capacidade para estas coisas". Não é verdade! O teu pouco é tanto aos olhos de Jesus, se não o guardares para ti, mas o colocares em jogo. E tu, entra também em jogo. E não estás

sozinho: tens a Eucaristia, o Pão do caminho, o Pão de Jesus [...] Se o recebermos com o coração, este Pão irradiará em nós a força do amor: sentir-nos-emos abençoados e amados, e teremos vontade de abençoar e amar, a começar daqui, da nossa cidade [...] O Senhor passa pelas nossas estradas para dizer-bem, dizer-bem de nós e para nos dar coragem, dar coragem a nós. A nós, pede-nos também para sermos bênção e dom (FRANCISCO, 2018b).

Esse compromisso de tornarmos nossa vida uma benção e um dom, precisa acompanhar a missão de anunciar as novidades do Reino com o fermento bom e o trigo novo. Todos nós somos chamados a levar ao mundo o testemunho de fé como fermento do generoso amor de Deus, pois o Reino é comparado com a participação de quem mistura o fermento com a farinha para a massa crescer: "O reino dos céus é semelhante ao fermento que uma mulher pegou e misturou com três medidas de farinha, e tudo ficou fermentado" (Mt 13,33).

Roda de conversa na comunidade

Reunir o grupo para uma roda de conversa:

1. Oração inicial
2. Ler o texto bíblico: Salmo 145
3. Tempo para a meditação
4. Deixar repercutir as palavras:

5. Pistas para a prática da comunhão:

- Reconhecer a dignidade e o valor da participação das mulheres na vida da comunidade e na sociedade.
- Promover uma adequada formação para a indispensável participação dos cristãos na construção de uma vida social mais humana e fraterna.
- Despertar, na comunidade, o desejo de permitir-se ser impulsionada pelo Espírito Santo para a integração de todos.

6. Oração final

O rebanho

O Senhor é o Pastor e somos suas ovelhas, seu rebanho. Nele encontramos proteção e segurança, orientação e amparo, em todos os momentos. Jesus, o pastor das ovelhas, caminha com a sua comunidade, sem esconder de que é preciso cuidado para não cair nas ciladas do inimigo, nas armadilhas da vida e nos ataques de predadores ferozes. Ele aponta o caminho e está sempre à frente de seu rebanho para amparar suas ovelhas nos momentos de crises, perigosas e inesperadas, ao longo da vida. Jesus participa da vida de seu povo, Ele conduz todos com o olhar atento do pastor que ama e vive para a humanidade.

O bom pastor caminha à frente e ao lado, mantendo o seu rebanho no caminho da verdade e da vida. Podemos dizer como Davi: "teu bastão e teu cajado me confortam" (Sl 23,4). Essas palavras podem confirmar a nossa confiança; nele depositamos toda a nossa confiança e acreditamos que não faltará, aos que nele confiam, proteção e segurança. Ele é capaz de fazer tudo isso com seu amor, pois o bom pastor "dá a vida por suas ovelhas" (Jo 10,11).

Guardado pelo pastor, o rebanho ouve sua voz e segue seus comandos, permanecendo junto Dele. O pastor traz nas mãos uma vara ou bastão, como seu instrumento de proteção diante dos perigos e dos predadores. Ele afugenta os que querem destruir ou tirar a vida das ovelhas. Com seu cajado, direciona suas ovelhas para onde devem ir, quando, por vezes, tentam buscar outros caminhos.

Jesus sempre demonstrou cuidado para com sua comunidade. Hoje, somos nós, os discípulos missionários, convocados a viver reunidos, dóceis às orientações do Espírito e fortes na experiência da comunhão e da participação, nutrindo-nos da Palavra de Deus, da Eucaristia e da oração. Fortalecidos pela presença do ressuscitado, os cristãos são chamados a estarem atentos às necessidades dos mais fragilizados para que, servindo com caridade pastoral, sejam promotores da vida e da solidariedade.

O rebanho é símbolo de sinodalidade quando revela sua identidade de pertencimento a Jesus Cristo que ama e acolhe cada pessoa na sua originalidade. Ser Igreja da unidade no mundo, hoje, requer sensibilidade e respeito às diferenças. Estamos inseridos numa sociedade que se caracteriza pela sua diversidade cultural. Seja qual for a realidade, rural ou urbana, precisamos avançar no caminho da superação dos discursos e práticas que tentam uniformizar a cultura e manipular as consciências. Somos diferentes e estamos inseridos em complexos sistemas sociais, econômicos, políticos, ambientais e religiosos. Nossa missão, como batizados, é cuidar do rebanho com a fortaleza do Pastor.

Jesus confiou a Pedro essa missão quando pede que o discípulo participe, comprometa-se com as ovelhas (cf. Jo 21,15-19). Era preciso resgatar o apóstolo para a nova vida, ser pescador de gente, mas era necessário lembrá-lo do cuidado com as ovelhas. Pedro será o pastor da nova comunidade, compromisso de fidelidade ao Mestre e prova de seu amor, pois, ele mesmo respondeu por três vezes a Jesus, dizendo: "Tu sabes que te amo". Esse amor é acolhido por Jesus! Ele diz a Pedro que sua missão não é voltar a pescar, já não existe mais espaço para a atividade como pescador, mas para tornar-se um pastor da Igreja, dedicando sua vida para o cuidado das ovelhas.

A insistência de Jesus ao fazer a mesma pergunta a Pedro era para que o apóstolo refletisse se realmente tinha amor pelo Mestre. É um ensinamento para nós! No caminho espiritual do seguimento a Jesus, podemos nos posicionar diante dos questionamentos da vida. A missão confiada a Pedro, hoje, é nossa missão.

Na sua carta apostólica, Pedro confia essa tarefa à Igreja (cf. 1Pd 5,1-4):

> Apascentai o rebanho de Deus que vos é confiado; cuidai dele, não obrigados, mas de boa vontade segundo Deus... (1Pd 5,2).

A Igreja acompanha a vida dos fiéis, acolhendo e educando na fé, sendo mãe e mestra (cf. MM, n. 1). O rebanho precisa ser cuidado com amor para que ninguém se desvie e se afaste de Deus, pois quando o ser humano desvia seus passos do caminho de Deus, perde-se e desfigura-se.

> O homem, separado de Deus, torna-se desumano consigo mesmo e com os seus semelhantes, porque as relações bem ordenadas entre homens pressupõem relações bem ordenadas da consciência pessoal com Deus, fonte de verdade, de justiça e de amor (MM, n. 212).

O grande empenho de Jesus em seu ministério foi aproximar as pessoas de Deus. Todos seus seguidores foram motivados para uma vida na unidade e no testemunho de perfeição evangélica. O rebanho de Jesus tem o seu amor e a sua presença, garantindo a possibilidade de contemplar a beleza do caminho e de chegar às verdes pastagens, quando necessário. As verdes pastagens são o alimento da vida, a presença constante de nosso Deus. O Bom Pastor quer levar todos para a contemplação do rosto de Deus, elevando o coração de suas ovelhas para o alto, para que todos sejam irmãs e irmãos de verdade.

Quando Jesus diz: "Conheço as minhas ovelhas" (Jo 10,14), Ele está dizendo que ama, deseja viver amando e que seu rebanho corresponda a esse amor, ouvindo sua voz e seguindo seus passos (cf. Jo 10,27).

Desde o início do seu ministério, Jesus é seguido por uma grande multidão, mas Ele começa formando uma pequena comunidade, pois o seguimento requer renúncias de bens, de projetos pessoais e até de afetos. Ele caminha à frente de seu pequeno rebanho (cf. Lc 12,32), indicando o caminho e convidando seus discípulos para uma vida humilde e comprometida com a cruz, propondo-lhes participar de seus sofrimentos, de suas tristezas, de suas angústias e de sua alegria. Os discípulos são chamados a viver como o Pastor para serem capazes de amar o próximo (cf. Jo 15,12; Mt 5,43-44; Tg 2,8; Rm 13,8). A identidade do rebanho é o amor!

É importante que tenhamos fé, mas não podemos deixar de reconhecer que a fé transita pelas sendas da vida e age pelo amor (cf. Gl 5,6). Somos instrumentos de Deus na construção de um mundo melhor, chamados e habilitados para darmos continuidade na missão de apascentar as ovelhas, assim como Pedro.

Ter o rebanho como símbolo de sinodalidade é manter o foco na necessidade de um cuidado especial do povo de Deus. É urgente lançarmos um olhar misericordioso sobre o povo, sobretudo os que mais sofrem e estão clamando por justiça e libertação. Assumir o modo de ser de Cristo é tornar-se servo, sensível e acolhedor para abraçar com esperança a caridade pastoral.

> O conteúdo essencial da Caridade pastoral é o dom de si; o total dom de si mesmo à Igreja, à imagem e com o sentido de partilha do dom de Cristo. "A caridade pastoral é aquela virtude pela qual nós imitamos Cristo na entrega de si mesmo e no seu serviço. Não é apenas aquilo que fazemos, mas o dom de nós mesmos que manifesta o amor de Cristo pelo seu rebanho" (PDV, n. 23).

João Paulo II, em sua exortação apostólica pós-sinodal *Pastores Dabo Vobis* (1992), destacou aos presbíteros que, na obediência sacerdotal, se deixam moldar pelo Amor de Cristo, que para atender às necessidades do povo: "o Coração de Jesus continua, hoje, a ter compaixão das multidões [...] e quer palpitar noutros corações – o dos sacerdotes" (PDV, n. 82).

Também os leigos e leigas, em especial os catequistas, educadores da fé, têm uma grande responsabilidade pela comunidade, rebanho do Senhor. Cabe aos catequistas aprofundarem o sentido da vocação e da missão que abraçaram, para acolher, servir e levar as pessoas para uma profunda intimidade com Deus. Uma linda tarefa da catequese é favorecer, na alegria do encontro, a percepção da presença de Deus, para que todos, catequistas e catequizandos, se deixem plasmar por ela.

Somos todos colaboradores de Cristo e semeadores de esperança, por isso, não podemos deixar de pedir mais operários para a messe; o rebanho precisa crescer para que a Igreja continue evangelizando a humanidade. Todos são importantes no processo educativo e espiritual da vida cristã: bispos, sacerdotes, religiosos (as), catequistas e famílias. Cada um, fazendo o que é próprio de sua atuação, fortalece a unidade e testemunha o zelo pelas coisas de Deus. Embora seja conduzida por pastores humanos, a Igreja é alimentada e acompanhada por Cristo (cf. CIgC, n. 754). Jesus, o Bom Pastor, carrega em seus braços o seu povo.

Roda de conversa na comunidade

Reunir o grupo para uma roda de conversa:

1. Oração inicial
2. Ler o texto bíblico: Salmo 99
3. Tempo para a meditação
4. Deixar repercutir as palavras:

5. Pistas para a prática da comunhão:
   - Aprofundar o conceito de rebanho com a comunidade e como reconhecem e acolhem a voz do Pastor.
   - Criar espaço de integração entre os agentes das pastorais superando os conflitos internos e as dificuldades de acolhimento e proximidade.
   - Elaborar itinerários formativos, à luz da Palavra de Deus, que direcionem à vida comunitária.
6. Oração final

Missão

O caminho

Em sua catequese, Jesus propõe um caminhar e, pelos seus passos, mostra-nos o caminho. Um caminho que deve ser percorrido no encontro de coração, como nos lembra o Profeta Isaías: "Senhor" – disse ele –, "lembrai-vos de que tenho andado diante de vós com lealdade, de todo o coração, segundo a vossa vontade" (Is 38,3). O caminho de Deus é verdade! Jesus nos ensina o caminho de Deus, com fidelidade e obediência ao Pai e em toda verdade (cf. Mt 22,16). Ele também aponta para o caminho da vida aos fiéis para que se afastem do caminho da morte, pois o caminho de Deus é perfeito (cf. 2Sm 22,31; Sl 15,11; Pr 15,24).

Vamos fazer uma pausa para rezarmos com o Salmo 18:

> Debruçou-se do alto e segurou-me para tirar-me das águas imensas. Livrou-me de inimigo poderoso e dos que me odiavam que eram mais fortes do que eu.
>
> Enfrentaram-me no dia de minha desgraça, mas o Senhor me serviu de amparo. Ele me trouxe para um lugar aberto; libertou-me, porque me ama.
>
> O Senhor recompensou-me segundo minha justiça, retribuiu-me segundo a pureza de minhas mãos, porque guardei os caminhos do Senhor e não fui infiel a meu Deus, porque todos os seus preceitos estavam diante de mim, e não afastei de mim seus decretos.
>
> Fui íntegro para com Ele e me abstive de toda iniquidade. Então o Senhor me trata segundo minha justiça, segundo a pureza que viu em minhas mãos.
>
> Com o fiel tu és fiel, e íntegro com o homem íntegro: com o puro tu és puro, e com o perverso tu és astuto.
>
> És tu que salvas o povo humilde e humilhas os olhos arrogantes. És tu que acendes minha lâmpada e iluminas minhas trevas, ó Senhor meu Deus.
>
> Contigo transponho o fosso, com a ajuda de meu Deus salto muralhas. O Caminho de Deus é perfeito, a palavra do Senhor se comprova. Ele é escudo para todos os que nele se refugiam... (Sl 18,17-31).

Esse caminho é Jesus! Ele mesmo, no Evangelho de João, apresenta-se como o caminho que leva ao Pai: "Eu sou o Caminho, a Verdade e a Vida" (Jo 14,6). Foi necessário dirigir essas palavras aos seus discípulos, a fim de fortalecer a esperança de sua comunidade, acalmar o coração dos discípulos e responder ao angustiante apelo de Tomé: "Senhor, não sabemos para onde vais, como podemos conhecer o caminho?" (Jo 14,5). Suas palavras despertaram no coração de todos eles o desejo de chegarem ao Pai, o que os levaram a seguir no seu caminho. Trata-se de uma longa caminhada por um caminho dinâmico e envolvente.

Sabemos que o processo de Iniciação à Vida Cristã favorece um caminho espiritual, o qual nos conduz do reconhecimento da própria realidade ao compromisso com a fé, por meio de uma "renovação progressiva de mentalidade e de costumes" (AG, n. 13). Toda mudança acontece para se chegar à plenitude da vida, na comunhão e na participação, com renúncias e os desafios a vencer; mas, também com conquistas e alegrias. A Igreja percorreu esse caminho em Cristo e foi capaz de superar grandes desafios, sem nunca desistir. O caminho eclesial sempre foi e é fortemente marcado pela presença do Espírito que fala à Igreja:

> O próprio caminho eclesial encontra-se marcado por dificuldades e exigências de renovação espiritual, moral e pastoral. Entretanto, o Espírito Santo continua a despertar nas pessoas a sede de Deus e, na Igreja, um novo fervor, novos métodos e novas expressões para o anúncio da Boa Notícia de Jesus Cristo (DC, n. 38).

Nesse novo tempo de evangelização que atravessamos, o caminho eclesial deve se entrelaçar ao caminho espiritual, fazendo-nos atravessar o deserto árido e descampado, pela falta de amor, para uma vida que se restaura no caminho da fé. O Papa Francisco, em 2013, durante o Angelus, afirma que Deus vem ao nosso encontro e tudo pode mudar:

> Deus é aquele que nos vem salvar, e socorre sobretudo os desorientados de coração. A sua vinda ao nosso meio revigora, torna firme, dá coragem, faz exultar e florescer o deserto e o descampado, ou seja, a nossa vida quando se torna árida: e quando se torna árida? Quando se encontra sem a água da Palavra de Deus e do seu Espírito de amor (FRANCISCO, 2013).

A presença de Deus em nossa vida nos revela que Ele participa da nossa história e nos convida a participar da sua missão. Sua missão é alcançar a todos em Cristo para "que tenham vida" (Jo 10,10). Temos aqui uma inspiração para a construção de um caminho sinodal para a Igreja: fazer-se presente na história para anunciar vida nova ao mundo. A sinodalidade se dá na cultura do encontro, na escuta empática[4] ao longo de todo o caminho. Projeto de vida que se estrutura na resposta pessoal de cada pessoa ao chamado de Deus, mergulhando na profunda experiência de conversão da mente e do coração. Trata-se de um percurso, no qual se movimentam para a unidade todos aqueles que são educados para a mentalidade da fé (cf. DC, n. 77) e se comprometem com a transmissão da fé cristã às novas gerações. Vale o esforço para uma formação integral dos catequistas, favorecendo maior conhecimento, motivação e inspirações para que cresçam na competência de cultivar uma espiritualidade de comunhão e participação.

Jesus propõe, em sua catequese, um caminho de formação e ação. Ele estabelece um plano para o seu tempo de inclusão à vida social e religiosa. A atitude de inclusão, nos ensinamentos de Jesus, era um ato de amor, confirmando o que a Palavra diz: "Deus não olha para o que as pessoas olham: elas olham para as aparências, mas o Senhor olha para o coração" (1Sm 16,7b).

Como a Igreja espera formar os novos discípulos missionários de Jesus? O Diretório para a Catequese (2020)[5] fala especialmente sobre a formação de catequistas:

> Uma vez que é necessário formar catequistas para a evangelização no mundo atual, será necessário harmonizar, com sabedoria, a devida atenção para com as pessoas e as verdades da fé, como também para com o crescimento pessoal e a dimensão comunitária, o cuidado com as dinâmicas espirituais e a dedicação ao compromisso com o bem comum (DC, n. 135).

Essa preocupação está bastante explícita no IV capítulo do Diretório, que trata do tema sobre formação de catequistas, pois são sujeitos ativos da evangelização, "habilitados pela Igreja a comunicar o Evangelho e acompanhar e

---

4. Propõe-se por escuta empática a convergência de três atitudes: presença, atenção e responsividade.
5. Vale aprofundar-se na leitura do Diretório para a Catequese, n. 130-156.

educar na fé" (DC, n. 132). São, portanto, discípulos missionários de Jesus Cristo.

Para a formação dos discípulos missionários em geral, podemos destacar o que nos diz o Documento de Aparecida, sobretudo no capítulo VI: O caminho de formação dos discípulos missionários.

O Documento ressalta a importância de vivermos uma espiritualidade trinitária do encontro com Jesus Cristo, descobrir os lugares de encontro e de reencontro com Jesus, onde sentimos o despertar do encanto por Jesus Cristo, no caminho do discipulado:

> O seguimento é fruto de uma fascinação que responde ao desejo de realização humana, ao desejo de vida plena. O discípulo é alguém apaixonado por Cristo, a quem reconhece como o Mestre que o conduz e acompanha (DAp, n. 277).

O processo de formação dos discípulos missionários se sustenta na paciente e eficiente formação integral, querigmática e permanente. O texto ainda faz uma profunda reflexão sobre a Iniciação à Vida Cristã, bem como à espiritualidade da ação missionária que nos convida a permitirmos que o Espírito Santo nos conduza em nossas ações evangelizadoras:

> Quando o impulso do Espírito impregna e motiva todas as áreas da existência, então penetra também e configura a vocação específica de cada pessoa. Assim se forma e se desenvolve a espiritualidade própria de presbíteros, de religiosos e religiosas, de pais de família, de empresários, de catequistas etc. Cada uma das vocações tem um modo concreto e diferente de viver a espiritualidade, que dá profundidade e entusiasmo para o exercício concreto de suas tarefas. Dessa forma, a vida no Espírito não nos fecha em intimidade cômoda e fechada, mas sim nos torna pessoas generosas e criativas, felizes no anúncio e no serviço missionário (DAp, n. 285).

Como foi dito, a vida no Espírito não combina com uma intimidade cômoda e fechada. Nesse sentido, podemos recorrer, mais uma vez, ao modo de Jesus formar sua comunidade no caminho da unidade. A unidade é obra do Espírito, mas não se realiza sem a nossa cooperação. É em nós e por nós que tudo acontece! Somos colaboradores na construção da unidade, quando nos dispomos a caminhar juntos, caminhar com o outro, de mãos dadas com a fraternidade e de coração em sintonia com o Espírito que habita em nós.

Jesus, no momento oportuno, escolheu, acolheu, formou e enviou a sua comunidade para a missão. Em Mateus 10,1.5-15; Mc 6,7-13 e Lc 9,1-6 encontramos uma passagem que nos fala sobre o envio dos doze discípulos de dois em dois. Já em Lucas 10,1, o evangelista fala da escolha de outros setenta e dois discípulos, que também são enviados de dois em dois. Todos foram enviados diante de seu rosto para cumprir o que foi pedido: anunciar o Reino.

Caminhar de dois em dois tem relação com os ensinamentos de Jesus: solidariedade, fraternidade, unidade e responsabilidade pela cultura do encontro no amor, sinal sagrado da comunidade de fé. Caminhar juntos é um convite para perceber, respeitar e valorizar a presença do outro, é caminhar "COM" o outro. Um caminho que se faz em companhia com mais pessoas, torna-se um verdadeiro aprendizado de comunhão e de participação, na fidelidade da missão confiada aos que são chamados para anunciar, com alegria, a Boa-nova do Evangelho.

Roda de conversa na comunidade

Reunir o grupo para uma roda de conversa:

1. Oração inicial
2. Ler o texto bíblico: Salmo 110
3. Tempo para a meditação
4. Deixar repercutir as palavras:

5. Pistas para a prática da comunhão:
   - Favorecer o crescimento de uma comunidade de fé por um caminho espiritual e comprometido com a vida do povo.
   - Acompanhar o processo de formação integral e permanente, dos fiéis leigos e leigas, discípulos missionários de Jesus Cristo.
   - Reconhecer e estimular para o compromisso de uma ação evangelizadora no espírito da sinodalidade: caminhar juntos, um com o outro.
6. Oração final

O barco

O barco é símbolo da comunidade de Jesus. Para o cristianismo é a representação da própria Igreja, sendo uma comunidade de fé, de esperança e de caridade.

A comunidade é um grupo formado por pessoas comprometidas com o projeto de Deus: partilha, fraternidade, amor, comunhão, liberdade e vida. Ninguém pode se sentir obrigado a fazer parte dela, mas pode sentir que pertence a ela. Essa escolha, de fazer parte de uma comunidade, deve ser fruto do discernimento e da decisão para estar com Jesus.

Todo cristão é chamado a viver uma vida de fé, mergulhado no mistério de Deus e em seu imenso amor. É importante que cada pessoa tenha consciência de sua realidade concreta de vida, na qual está inserida, para reconhecer a presença de Deus que insiste em ser solidário com a humanidade. Ele quer a Felicidade para todos, mas nem sempre e, nem todos, conseguem estruturar a vida buscando coerência com a fé. Por isso, a proximidade com o Senhor é um processo de mudança radical na jornada de fé, para que o ser humano permaneça fiel ao chamado de Deus. Quem escuta sua voz e coloca em prática a sua Palavra permanece no barco de Jesus.

Estar no barco não é sinal de que somos todos perfeitos, mas que buscamos coerência entre o nosso pensamento e as nossas ações. Podemos permanecer no barco, mesmo com nossas limitações e incoerências que revelam nossa fragilidade humana, mas não podemos permanecer com o coração fechado, resistindo ao amor de Deus que nos mantém na promoção da vida e de liberdade para todos. Em Cristo, o Pai santifica o ser humano. O compromisso fundamental, para quem está no barco com Jesus, consiste em lutar por um mundo mais humano e para que a vida vença a morte.

Jesus convidava seus discípulos para com Ele viajar pelas estradas, pelas cidades e povoados, por longas jornadas, cansativas e desafiadoras. Chamou seus companheiros para caminhar: "Vamos a outros lugares e aos povoados vizinhos, para pregar também por lá; pois foi para isso que eu vim" (Mc 1,38). Também os convidou a passar para a outra margem do lago (cf. Mc 4,31-45). Jesus esteve, por muitas vezes, dentro de um barco com sua comunidade e, do barco, ensinava (cf. Lc 5,1-11), fazia sermões e falava com todos. Mas, hoje, Ele quer entrar na nossa barca, mesmo que vazia como a de Pedro (cf. Lc 5,3), Ele quer nos oferecer vida nova.

O Papa Francisco em uma de suas catequeses, disse:

> O Senhor é o Senhor das surpresas, dos milagres nas surpresas: entrar na barca da nossa vida quando nada temos para lhe oferecer; entrar nos nossos vazios e enchê-los com a sua presença; servir-se da nossa pobreza para proclamar a sua riqueza, das nossas misérias para proclamar a sua misericórdia [...] Ele é o Deus da proximidade, da compaixão, da ternura, e não procura o perfeccionismo: procura acolhimento (FRANCISCO, 2022).

Ele muda a nossa fragilidade, os pedaços que sobram de nós, em tudo! Estar com Ele é a garantia de que possamos alcançar o amor e a ternura de nosso Deus. Estar no barco de Jesus (a Igreja) e deixar que Ele entre na nossa barca (nossa vida), é a oportunidade que temos e que envolve toda a nossa existência. Esse movimento orienta-se na direção da transformação de nossa vida. É possível sentir, mesmo quando perdidos, a presença amiga de Jesus que desperta em nós o desejo de buscar aquilo que, com nossas limitações, não conseguimos alcançar. Ele enche nosso coração de esperança para buscar as coisas de Deus com todo o coração. Com sua participação em nossa história, recorda-nos suas palavras: "Quem pede, recebe; quem procura, acha; e a quem bate, se abre" (Lc 11,10).

Essa proximidade com o Senhor, seja na Igreja ou em nossa vida, é o caminho para a realização de todos os anseios do coração humano: restaurar a vida e participar do Reino de Deus. Ele sempre toma a iniciativa de vir ao nosso encontro, mesmo para aqueles que não o procuram, porque estão perdidos em seus pecados ou resistentes à verdade de sua presença e de seu amor.

Nossa vida, certamente, será transformada se caminharmos juntos e de mãos dadas, com a certeza de que nele, somos um "homem novo", livre e digno:

> Devereis abandonar vossa antiga conduta e despir a velha natureza, corrompida por paixões enganosas, para uma transformação espiritual de vossa mentalidade, e revesti-vos da nova natureza, criada segundo Deus em justiça e verdadeira santidade (Ef 4,22-24).

Assim, Jesus, propõe uma mudança radical de vida: permanecer com Ele no barco, escutando sua voz e acolhendo sua palavra para o caminho constante de conversão e purificação, pois só os puros de coração veem a Deus (cf. Mt 5,8). Buscar essa purificação é atravessar para o outro lado, a outra margem. É buscar, nas imperfeições, o sinal de que é possível alcançar a nossa originalidade e descobrir o que ainda existe de essencial em nós.

> Em tempos de mudança é preciso um esforço muito grande para não deixar que se perca a essência, o sentido da vida, os valores fundamentais e os princípios que regem a experiência comunitária da convivência (GIL, 2022, p. 79).

No caminho da sinodalidade a Igreja se reveste de uma alegria contagiante e precisa manter-se generosa e ousada para uma decisão importante: sair para fora de si mesma, impelida pelo Espírito para evangelizar. Somos chamados para uma nova saída missionária, não podemos ficar parados, tranquilos e acomodados em nossos lugares. Cristo nos convida para atravessarmos até as outras margens e não estamos sozinhos! Ele convida sua Igreja para fazer essa travessia, sem medo, buscando encontrar os afastados, os excluídos, os pecadores. Ele quer sua Igreja comprometida com os mais esquecidos ou ignorados pela sociedade, que ela seja a voz dos mais fracos e o grito dos desesperançados.

A vida da comunidade de Jesus, por vezes, fica ameaçada pela tempestade que não a permite enxergar a urgência de uma renovação eclesial. O Papa Francisco, na sua exortação apostólica *Evangelii Gaudium* (2013), envia um recado à Igreja:

> Sonho com uma opção missionária capaz de transformar tudo, para que os costumes, os estilos, os horários, a linguagem e toda a estrutura eclesial se tornem um canal proporcionado mais à evangelização do mundo atual do que à autopreservação. A reforma das estruturas, que a conversão pastoral exige, só se pode entender neste sentido: fazer com que todas elas se tornem mais missionárias, que a pastoral ordinária em todas as suas instâncias seja mais comunicativa e aberta, que coloque os agentes pastorais em atitude constante de "saída" (EG, n. 27).

Com muita criatividade, a Igreja, que é a barca de Jesus, navega nas águas dessa esperança, para reconhecer o apelo à renovação e tornar-se instrumento de comunhão e de participação, orientando-se para a missão. Mas isso não significa sair sem saber a direção, sem saber o que se quer e a quem queremos anunciar o Evangelho de Jesus. Temos uma missão pela frente: seguirmos os passos de Jesus, unidos e procurando o que Ele procura para amarmos o que Ele ama (cf. EG, n. 267).

A catequese de Jesus, revela, com sua atitude de reunir seus discípulos num barco, o seu desejo de estar junto, de "estar com" o outro, misturando-se e envolvendo-se num grande objetivo: formar uma comunidade de amor e de fé. Hoje, com a maré um pouco caótica, somos chamados a permanecermos vigilantes e motivados para vencer os conflitos. Estar no barco com Jesus é uma inspiração para a Igreja que se encontra no caminho sinodal. Com Ele podemos reconhecer a presença do outro e, juntos, poderemos curar as feridas, cuidar dos corações, levar esperança, prosseguir na peregrinação solidária, construir pontes e caminhar na direção do perdão para criarmos ou restaurarmos vínculos significativos e importantes para nós.

A Igreja, nos últimos tempos, tem se esforçado para compartilhar o Mandamento do Amor, apresentado por Jesus. É mestra para educar na fé e mãe que acolhe os que procuram por Jesus, mas nem todos na Igreja desejam compartilhar um espaço para outros... Existe um grande sinal de divisão que se impõe, ameaçando virar o barco:

> O mundanismo espiritual leva alguns cristãos a estar em guerra com outros cristãos que se interpõem na sua busca pelo poder, prestígio, prazer ou segurança econômica. Além disso, alguns deixam de viver uma adesão cordial à Igreja por alimentar um espírito de contenda. Mais do que pertencer à Igreja inteira, com a sua rica diversidade, pertencem a este ou àquele grupo que se sente diferente ou especial (EG, n. 98).

Ainda que o mundo seja ameaçado e dilacerado pela violência da guerra e da fome, a força do individualismo poderá ser controlada com iniciativas que cultivem a cultura de paz, do encontro e da vida, atitudes de transformação do coração.

O barco é símbolo de sinodalidade na catequese de Jesus porque leva para a meta: navegar! O barco não foi peito para ficar ancorado, parado num porto; foi feito para navegar, cortando as águas, sem devorar a correnteza.

RODA DE CONVERSA NA COMUNIDADE

Reunir o grupo para uma roda de conversa:

1. Oração inicial
2. Ler o texto bíblico: Salmo 83
3. Tempo para a meditação
4. Deixar repercutir as palavras:

5. Pistas para a prática da comunhão:
   - Sensibilizar a comunidade para a missão.
   - Motivar para o testemunho de fé, como fruto que o cristão é chamado a oferecer.
   - Promover a unidade, unindo os corações para crescer o amor entre o povo e Jesus.
   - Valorizar e promover o serviço da caridade, uma dimensão essencial da missão.
6. Oração final

A cruz

A cruz é o símbolo dos cristãos!

Temos acompanhado, atualmente, que esse símbolo sagrado está ficando esquecido em muitas casas, hospitais, cemitérios e até em espaços comunitários, religiosos ou não. Acontece que o Amor crucificado e cravado na cruz com o corpo de Jesus incomoda muita gente. Sempre incomodou! Muitos corações ainda se fecham à verdade de que foi pela cruz que Cristo redimiu a humanidade. Ao contrário do que muitos pensam, a cruz não remete à derrota e ao fim, mas à vitória conforme cantam os cristãos com fé: "Vitória, Tu reinarás! Ó cruz, Tu nos salvarás".

Os primeiros cristãos anunciaram a vitória de Cristo sobre a morte e, certamente, exaltaram a cruz como caminho para a luz. Não existe ressuscitado sem crucificado. Não podemos ignorar a força que vem da cruz e que nos remete à catequese de Jesus sobre a morte como entrega de vida e obediência ao Pai. Por algumas vezes Ele falou diretamente aos discípulos que era preciso subir a Jerusalém e que lá Ele sofreria muito até a morte (cf. Mt 16,22; Mc 8,31; Lc 9,22 – primeiro anúncio da paixão; Mt 17,22-23; Mc 9,31-32; Lc 9,44 – segundo anúncio da paixão; Mt 20,17-19; Mc 10,32-34; Lc 18,31-34 – terceiro anúncio da paixão).

Consciente e firme na sua missão, Jesus caminhou para a cruz, fazendo o bem, anunciando o Reino, acolhendo e curando o povo com palavras e milagres. Permaneceu sempre fiel e humilde até vencê-la porque: "Apresentando-se como simples homem, humilhou-se, feito obediente até a morte, até a morte de cruz" (Fl 2,8), e assim transformando a cruz em vitória: "Foi por isso que Deus o exaltou e lhe deu o Nome que está acima de todo nome" (Fl 2,9). Ajudou sua comunidade no caminho da cruz, mas cobrava de seus membros: amor, fé, respeito ao próximo, compromisso com a verdade, com a justiça e a paz.

Esse trajeto foi apresentado como caminho de proximidade, pelo qual cada um deveria carregar sua cruz para seguir seus passos: "Se alguém quer vir após mim, renuncie a si mesmo, tome a sua cruz e me siga" (Mt 16,24; Mc 8,34; Lc 9,23). Não existe seguimento sem escolhas, sem opção e conversão, sem esperança e amor.

Certa vez, Pedro tentou resistir e repreender Jesus. Começou, então, a interpelá-lo e protestar nestes termos: "Deus não permita, Senhor, que isso aconteça". Mas Jesus, voltou-se para Pedro e disse: "Afasta-te de mim, satanás. Tu és para mim uma pedra de tropeço, porque não tens senso para as coisas de Deus, mas para as dos homens!" (Mt 16,22-23). Pedro quis evitar o caminho da cruz, mas Jesus lhe mostrou que não se pode pensar o contrário de Deus se queremos chegar até Ele.

Muitos humilharam Jesus, caçoavam dele (cf. Mc 15,20), negaram sua entrega pela vida do povo. Muitos tentaram abolir a realidade da cruz. São Paulo falava de falsos irmãos que queriam abolir a cruz: "Pois há muitos por aí, de quem repetidas vezes vos tenho falado, e agora o digo entre lágrimas, que se comportam como inimigos da cruz de Cristo" (Fl 3,18).

O que a cruz representa para nós?

Como enxergamos a nossa humanidade na cruz de Jesus?

Contemplamos na imagem do Cristo crucificado a sua humanidade e a sua divindade?

A cruz é símbolo de libertação e de reconciliação com Deus, pois dela brotam amor e perdão com o santo sacrifício de Cristo. Ele suportou terríveis sofrimentos físicos, foi ferido e torturado, sentindo no corpo e no coração a miséria moral da humanidade que o cravou na cruz.

Foram várias formas de violência contra Jesus até a sua morte:

- A coroação: Mt 27,27-29 – Foi coroado de espinhos aquele que curou um cego de nascença (cf. Mc 9).

- A flagelação: Mt 27,30; Jo 19,1 – Foi flagelado e torturado aquele que veio trazer a vida em plenitude (cf. 10,10).

- A sede: Jo 19,28 – Foi negado um pouco de água para aquele que veio trazer a água viva para a humanidade (cf. Jo 4,1-30).

- A morte: Jo 19,30 – Levaram à morte aquele que se revelou caminho para o Pai (cf. Jo 14,1-14).

- A dilaceração: Jo 19,34 – Rasgaram com uma lança o peito daquele que faz transbordar o cálice da nova aliança (cf. Mt 26,27-28) e lava as vestes dos eleitos (cf. Ap 7,14).

Mas com todo seu sacrifício, Ele nos deixou grandes lições para a nossa vida de fé. Vamos destacar três delas na sequência.

Perseverança

Do primeiro ao último momento de seu ministério, Jesus perseverou na fidelidade ao Pai e ensinou que, para seguir seus passos é necessário perseverar até o fim na fé. Fé que precisa ser alimentada pela Palavra e carregada pela esperança (cf. CIgC, n. 162). Caminhar juntos em Cristo é a missão dos cristãos. Para formar uma comunidade de vida, Casa da Palavra e da Iniciação à Vida Cristã precisamos formar novos discípulos missionários de Jesus, que tenham a coragem e a disponibilidade para tomar a cruz e anunciar o Reino como portadores da esperança. O que Jesus Cristo disse aos que estavam se achegando a Ele foi muito forte: "Quem não toma a sua cruz e não me segue, não é digno de mim" (Mt 10,38). Ele não queria que desistissem, mas que discernissem sobre o caminho que queriam abraçar. Tomar a cruz é bem diferente de ser crucificado.

Também Jesus tomou a cruz, não foi forçado a buscá-la, Ele a escolheu.

Para o governo romano, a crucificação era para os criminosos, assim a cruz era sinal de muito sofrimento, pois o condenado não escolhia a morte de cruz, era forçado a morrer de modo tão humilhante e cruel. Jesus não permitiu que sua vida fosse tirada:

> O Pai me ama porque dou a minha vida para de novo a retomar. Ninguém a tira de mim. Sou eu mesmo que a dou. Tenho o poder de dá-la e o poder de retomá-la. Esta é a ordem que recebi do meu Pai (Jo 10,17-18).

No seu coração, Ele não aceitava carregar a cruz à força, mas tomá-la por si só para permanecer fiel na perseverança de caminhar até o fim. Seu gesto foi um grande ensinamento para a humanidade. Ele também não obriga ninguém a carregar a cruz, mas tomá-la por amor. Não seremos crucificados, ao contrário, alcançaremos sentido para a nossa vida e preservaremos na edificação da comunidade de fé.

Empatia

Antes de ser condenado à morte de cruz, Jesus olhava para as pessoas com seu olhar sensível e misericordioso. Caminhando para o calvário, lançou seu olhar compassivo sobre todos e do alto da cruz enxergou a humanidade mergulhada na dor. Jesus, sendo Deus, tornou-se humano, conheceu as fraquezas humanas e teve compaixão do seu povo. Ele se aproxima de nós e revela seu amor e atenção às nossas fragilidades. Sua empatia é fruto de sua experiência humana: "A Palavra se fez carne e habitou entre nós" (Jo 1,14). Ele se envolveu com a natureza humana, assumiu essa condição em todos os aspectos, exceto no pecado. Viveu e conviveu com sua gente, buscou sentir as dores e as angústias que faziam as pessoas clamarem por piedade. Era nítida sua empatia quando sabia lidar com o sofrimento do povo, respondendo com amor, respeito, gentileza e serenidade.

Sua empatia era revelada em suas atitudes e ensinamentos (cf. Mt 7,12). Com muita propriedade falava do amor, porque foi gerado para amar. Foi firme ao dizer: "Amarás o próximo como a ti mesmo" (Mt 22,39; Lv 19,18).

Empatia e sensibilidade caminham juntas. Jesus expressou sentimentos humanos ao chorar (cf. Jo 11,33-35; Lc 19,41-42) e ao demonstrar seu desejo de manter Jerusalém sob os seus cuidados: "Jerusalém, Jerusalém! Tu que matas os profetas e apedrejas os que te são enviados! Quantas vezes eu quis reunir teus filhos, como a galinha reúne os pintinhos debaixo das asas [...] e tu não quiseste!" (Mt 23,37).

No caminho para a cruz é possível registrar também algumas expressões de empatia de Jesus com esses personagens bíblicos: o Cirineu, Verônica, as mulheres de Jerusalém, Maria, João.

Simão de Cirene, quase um anônimo. Por um trajeto até o calvário, carregou a cruz de Jesus. Foi solidário de coração, embora obrigado pelos soldados romanos. É fundamental, na caminhada de fé, sabermos que não podemos deixar de carregar a nossa cruz: a cruz da humildade, da honestidade, da mansidão e do amor. O Cirineu, com sua empatia, amenizou a dor de Jesus, submetido à humilhação.

Verônica representa a ternura da mulher que acolhe o olhar de Jesus e o retribui com amor confirmando o compromisso de superação da "cultura da morte", imposta pelo Império Romano. Jesus acolheu mulheres sofridas, prostituídas, violentadas e humilhadas pela sociedade. Aquela mulher, apresentada na Sexta Estação da Via-Sacra, representa a voz das mulheres que não pode se calar e que se manifesta no gesto solidário de enxugar o rosto de Jesus. Os cristãos são chamados a repetir o gesto de Verônica, acolhendo os pequenos, os pobres, os estrangeiros, os doentes e os peregrinos (cf. Mt 25,31-46). ssim, teremos a face de Cristo estampada no nosso coração, como ficou gravada no lenço da solidariedade daquela mulher, fragilizada por dentro, mas forte e segura de sua empatia e ternura.

As Mulheres de Jerusalém, em grande número, seguiram Jesus pelo caminho da cruz: "Seguia-o grande multidão de povo e de mulheres que batiam no peito e o lamentavam. Voltando-se para elas, Jesus disse: "Filhas de Jerusalém, não choreis sobre mim! Chorai por vós mesmas e por vossos filhos" (Lc 23,27-28). A vida de amor foi comunicada por cada palavra e gesto de Jesus, quando se aproximava das pessoas, acolhendo suas fragilidades. Ele enxugou muitas lágrimas, escutou os lamentos e perdoou publicamente as mulheres, julgadas e condenadas pela sociedade. Deu a Maria Madalena um lugar em sua comunidade e tantos anos depois, ela é considerada pela Igreja como apóstola de Cristo.

O Papa Francisco, no Ano da Misericórdia (2016), reconhece a importância de Maria Madalena como apóstola e exemplo para as mulheres em vista da nova evangelização:

> Por desejo expresso do Santo Padre Francisco, a Congregação para o Culto Divino e Disciplina dos Sacramentos publicou um novo decreto, com a data de 3 de junho de 2016, Solenidade do Sagrado Coração de Jesus, com o qual a celebração de Santa Maria Madalena, até agora memória obrigatória, será elevada ao grau de festa no Calendário Romano Geral. A decisão inscreve-se no atual contexto eclesial, que pede uma reflexão mais profunda sobre a dignidade da mulher, a nova evangelização e a grandeza do mistério da misericórdia divina (ROCHE, 2016).

Maria, a mãe de Jesus, permaneceu junto dele até a cruz. Certamente o olhar aflito da mãe entrelaçou-se ao olhar do Filho Amado. Ela sabia muito bem quem era seu filho: o bem que Ele fez; a vida repleta de esperança e fé, que compartilhou; a obediência filial ao Pai que testemunhou e a sua perseverança no anúncio do Reino. Maria é modelo de unidade a Cristo (cf. CIgC, n. 964).

Não vamos encontrar nos Evangelhos uma referência do encontro de Jesus e sua mãe no caminho do calvário, mas sim a presença dela aos pés da cruz. Com ela estava João, o discípulo amado. Permaneceram juntos com Jesus sentindo com Ele aquele momento de dor. Maria, Mãe das Dores, recebeu a missão de ser mãe da comunidade dos discípulos, mãe da Igreja, de continuar amparando os filhos e filhas de Deus, sobretudo nos momentos mais difíceis da vida.

João, o evangelista, que estava com Maria e Maria Madalena aos pés da cruz, representa a comunidade dos apóstolos reunida com o Mestre e Senhor. Mesmo sendo o mais jovem, não fugiu daquele momento de crueldade e humilhação, mas resistiu até o fim, dando testemunho de perseverança, com sua presença silenciosa, livre e consciente. Diante da cruz, João contempla a morte e a "glorificação" de Cristo. Espera, confiante, sinais da Ressurreição.

João é identificado pela tradição cristã como o discípulo amado, que foi chamado a dizer um segundo sim ao receber Maria como sua mãe. O Evangelista João, escreveu o que vivenciou no caminho do seguimento de Jesus, foi muito feliz na revelação de quem é Jesus (cf. Jo 19,35). Os vínculos de afeto que unem Jesus, Maria e a comunidade dos apóstolos, são fortalecidos com o sim que deram a Jesus. Foi um chamado para a continuidade da missão de manter a comunidade unida, caminhando juntos: "Vendo a mãe e, perto dela o discípulo a quem amava, Jesus disse para a mãe: "Mulher, aí está o teu filho". Depois disse para o discípulo: "Aí está a tua mãe". E desde aquela hora o discípulo tomou-a sob seus cuidados" (Jo 19,26-27).

Reconciliação

Sabemos que Jesus é o mediador entre Deus e o seu povo. Ele veio para trazer luz e vida para os que estavam na escuridão. É assim que Mateus apresenta Jesus antes de sua vida pública:

> Ouvindo que João fora preso, Jesus retirou-se para a Galileia. Deixando Nazaré, veio morar em Cafarnaum à beira mar, nos limites de Zabulon e Neftali, para que se cumprisse o que foi dito pelo Profeta Isaías: "Terra de Zabulon e terra de Neftali, caminho do mar, região da Transjordânia, Galileia dos pagãos! O povo que estava nas trevas viu uma grande luz e para os que moravam na região escura da morte, levantou-se uma luz". Desde então Jesus começou a pregar e a dizer: "Convertei-vos, pois o reino dos céus está próximo" (Mt 4,12-17).

Essa grande luz é sinal de restauração da aliança, de perdão e de amor revelado em todas as palavras e atitudes de compaixão por Jesus.

Do alto da cruz, Ele declara seu imenso amor e intercede pela humanidade, pedindo: "Pai, perdoa-lhes porque não sabem o que fazem" (Lc 23,34). Esse perdão era necessário, era um pedido que jamais poderia ser esquecido por Jesus. Um grande ensinamento da cruz é possibilidade da reconciliação. O perdão liberta e cura, Jesus derrama seu sangue para a redenção da humanidade. Ele resgata o gênero humano da morte para a vida e o perdoa para que livres caminhem para Deus com o coração purificado.

Para nós cristãos o caminho da cruz é também uma peregrinação penitencial. Se é importante **"Caminhar juntos"** para garantir a unidade na vida comunitária, é fundamental **"Olhar juntos"** para Cristo crucificado, no caminho para a reconciliação. A reconciliação é uma escolha, não um sentimento, mas um ato de libertação; é um dom divino, fruto que brota do Sagrado Coração de Jesus. Na celebração do perdão sentimos Deus descer para habitar nosso coração enquanto Ele nos eleva para alcançarmos a paz.

A cruz é símbolo de sinodalidade quando a Igreja abre suas portas para celebrar o perdão, quando compartilha a ternura de Deus, como Casa da reconciliação.

Roda de conversa na comunidade

Reunir o grupo para uma roda de conversa:

1. Oração inicial
2. Ler o texto bíblico: Salmo 39
3. Tempo para a meditação
4. Deixar repercutir as palavras:

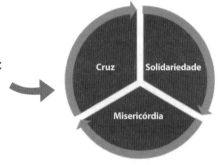

5. Pistas para a prática da comunhão:
   - Criar momentos de diálogo para fazer memória da história e vida da comunidade.
   - Valorizar os sinais de perseverança no caminho da fé manifestados pelas crianças, jovens, adultos e idosos.
   - Motivar a comunidade para iniciativas que promovam a cultura do encontro.
   - Preparar momentos penitenciais que despertem a importância do perdão e da reconciliação.
6. Oração final

A rede

Os Evangelhos compõem uma memória coletiva da experiência vivida pelos discípulos de Jesus em meio a uma grande multidão que os acompanhava. Foi um tempo de viver, conviver com Jesus e de aprender com Ele. Para a elaboração dos Evangelhos Sinóticos (Mateus, Marcos e Lucas), os evangelistas construíram uma narrativa memorial. Sabemos que a pessoa guarda na memória aquilo que conseguiu interpretar e que se estrutura em função do outro. Fazemos memória de vivências, lembramos e atualizamos o que já tenha ocorrido. Trazemos para o presente as pessoas, os fatos, as palavras, as imagens e tudo aquilo que ficaram retidos, guardados na memória.

São João traz em seu Evangelho a narrativa de sua experiência viva de Cristo, como testemunha ocular, mesmo que não tenha escrito diretamente os textos de seu livro. Ele atribui como obra do Espírito Santo o fato da recordação dos discípulos de Jesus – "os discípulos se lembraram..." (cf. 2,17.22). Esse relato sobre o recordar dos discípulos remete ao fazer memória por parte da Igreja, sempre guiada pelo Espírito. João deixa registrado em seu Evangelho que Jesus manifesta o desejo que seus discípulos se lembrem do que viram e ouviram (cf. Jo 16,4), pois o Espírito da Verdade fala à comunidade.

> Quando vier o Espírito da Verdade, ele vos guiará em toda a verdade, porque não falará de si mesmo, mas do que ouvir, e vos anunciará as coisas futuras (Jo 16,13).

"É entre 'memória e esperança' que podemos encontrar Jesus". Foi com essas palavras que o Papa Francisco iniciou sua meditação matutina na Santa Missa, em 7 de junho de 2018, celebrada na Capela da Casa Santa Marta, no Vaticano. Ele destacou a importância de se fazer memória, para não sermos cristãos desmemoriados e incapazes de dar "sal à vida". Francisco fez uma reflexão sobre a Carta de Paulo a Timóteo (cf. 2Tm 2,8-15).

A Igreja insiste em convidar os cristãos para essa memória coletiva: nós cremos! A nossa fé nos conduz ao Senhor, coloca-nos sempre de pé para construirmos uma comunidade que dá sabor à vida.

Depois de tantas lembranças e pistas para a construção de uma comunidade sinodal, vamos recordar a força simbólica da rede no ministério de Jesus.

Para começar, recordemos o encontro de Jesus com seus primeiros discípulos. Foi andando à beira do Mar da Galileia que Jesus encontrou dois irmãos, Pedro e Tiago (cf. Mt 4,18-22; Mc 1,16-20; Lc 5,10-11). Os dois, imediatamente, depois de ouvirem o chamado, deixaram as redes e iniciaram o seguimento de Jesus.

Deixar as redes é muito simbólico! É o mesmo que dizer, deixaram o trabalho, a família (cf. Mc 1,20), os projetos pessoais, para um trabalho coletivo: tornarem-se pescadores de gente. Deixar as redes é sinal de prontidão ao chamado. Eles foram convocados por Jesus: "Venham após mim". Esse encontro marca a formação de uma comunidade atenta aos ensinamentos de Jesus e disponível para escutar e acolher sua palavra (cf. Lc 5,1-11).

Deixar as barcas na praia e lançar as redes sobre as pessoas, passa a ser missão dos discípulos de Cristo. Uma tarefa desafiadora é essa de pescar pessoas para a Vida em Cristo. A vocação dos primeiros seguidores aconteceu no Mar da Galileia, não foi num lugar deserto ou religioso, mas no local do trabalho e onde circulava muita gente. Jesus se aproxima da vida concreta de seu povo, enxerga suas dores e sofrimentos, suas angústias e suas esperanças. Sabe o que pode trazer de novo para a vida de uma grande multidão e, por isso, busca contar com a colaboração dos primeiros discípulos, para acompanhá-lo no caminho e trabalhar com Ele. Jesus se mistura com o povo e o seu chamado é pessoal, cada um tem sua "rede" e pode decidir, livremente, se quer seguir os passos do Nazareno ou não.

A opção foi radical diante do convite irresistível feito por Jesus. Eles não somente deixaram as barcas e redes na praia, mas tudo para seguir Jesus (cf. Mt 19,27-29).

"Pescar gente" é uma missão da Igreja, pois a vocação dos discípulos de Jesus é nossa também. Essa tarefa é significativa para quem quer viver em Cristo, pois seu chamado é para pessoas concretas que vivem e convivem, fazendo a experiência do encontro, necessária para o ser humano. Tudo deve ser realizado de forma livre e consciente ninguém pode decidir pelo outro. Esse chamado de Jesus é um recado para a Igreja: não podemos medir esforços para o cuidado com a vida, pois nossa primeira vocação é assumirmos nossa humanidade e dessa escolha decorre a missão de acolher pessoas para a comunidade de fé.

A rede é símbolo da atividade apostólica, com ela a Igreja apanha e recolhe muitos filhos e filhas de Deus para a vida, com a intervenção divina. Como cristãos temos um compromisso de trazer os nossos irmãos e nossas irmãs para a experiência da vida, trazendo-os para dentro da barca de Jesus.

Com a rede podemos arrastar uma multidão para mais perto de Deus (cf. Jo 21,6). Uma rede com peixes é símbolo da Igreja, é sinal da intervenção do Cristo ressuscitado que continua a realizar pescas milagrosas até hoje, evocando a vinda do Reino de Deus (cf. Mt 13,47).

O caminho sinodal é um verdadeiro espetáculo do emaranhar entre o peixe, a rede e o mar, onde cada elemento está para o outro. A pesca, nesse evento, é símbolo da atividade apostólica: pregação e apostolado, em busca do ser humano e seu movimento de conversão. A pessoa que chega para entrar na barca de Jesus é como um peixe tirado das águas dos rios ou dos mares, para às águas da vida, uma vida de amor. Essa passagem remete ao pertencimento na comunidade cristã, quando o ser humano nasce para Cristo nas águas do batismo e essa pessoa, comparável a um peixe, torna-se cristão. Pelo batismo, a pessoa passa da morte ao pecado a uma entrada na vida da Trindade Santa, torna-se membro de Cristo e incorporado à Igreja participa de sua missão (cf. CIgC, n. 1213).

A rede está presente nos Evangelhos como símbolo de uma missão e na catequese da Igreja é símbolo de trabalho coletivo: juntos, lançamos a rede! Temos um compromisso como cristãos:

- Lutar para que "tenham vida e a tenham em abundância" (Jo 10,10).
- Acolher o chamado para a vida e para a comunhão (cf. Jo 13,34-35).
- Caminhar com esperança para a liberdade (cf. Ex 3,8).
- Buscar em Deus, o pão de cada dia; pão que alimenta e sacia a nossa necessidade material e espiritual (cf. Lc 11,1-4; Mt 6,11).
- Perseverar na unidade (cf. Jo 15,5).

Na atividade evangelizadora dos apóstolos e na Igreja hoje encontra-se a presença fiel de Maria. Ela também lançou as redes, no silêncio e no serviço, como intercessora dos filhos e filhas de Deus.

> Assegurando um clima doméstico de humildade, ternura, contemplação e cuidado para com os outros, Maria educou Jesus, o Verbo feito carne, pelas vias da justiça e da obediência à vontade do Pai. Por sua vez, a Mãe aprendeu a seguir o Filho, tornando-se a primeira e mais perfeita de seus discípulos (DC, n. 428).

Maria é um exemplo para as mulheres que, em grande número, desempenham um papel fundamental e precioso na transmissão da fé cristã. Nas famílias, nas comunidades cristãs, na vida consagrada e na sociedade, prestam uma importante contribuição, com a própria vida, no seu serviço como esposas, mães, catequistas, teólogas, líderes comunitárias, trabalhadoras, profissionais e cidadãs, responsáveis e dedicadas.

Com tudo o que refletimos emergem alguns passos comuns para a redescoberta da dimensão missionária na vida da Igreja e da efetiva contribuição dos cristãos no testemunho da escuta da Palavra de Deus, na prática da caridade e na construção de uma comunidade sinodal.

E para concluir essa etapa de reflexão na jornada paroquial de sinodalidade, coloquemo-nos sob a proteção de Maria, Estrela da Evangelização:

Nossa Senhora, Maria, Mãe de Jesus e nossa mãe!
Ensina-nos a caminhar, com alegria no coração,
assim como caminhaste até a casa de Isabel,
para anunciar a vinda do Salvador.
Encoraja-nos no caminho para Deus, com nossas angústias,
assim como caminhaste para apresentar o Menino Jesus
e escutaste que uma espada transpassaria sua alma.
Fortalece-nos no seguimento de Cristo, com sua maternal intercessão,
assim como caminhaste com Ele, sendo discípula fiel.
Ajuda-nos no caminho da sinodalidade,
como caminhaste junto aos apóstolos,
dando os primeiros passos com as comunidades cristãs.
Ó Mãe, que a nossa alegria e a nossa esperança,
contagiem a muitos para a comunhão, para a participação e para a missão.
Que a nossa fé nos leve ao teu Filho Jesus,
para permanecermos ao seu lado,
assim como fizeste como mãe e discípula, da manjedoura à cruz.
Ó Maria, caminha conosco,
para que caminhemos juntos, sendo Igreja!
Amém!

Roda de conversa na comunidade

Reunir o grupo para uma roda de conversa:

1. Oração inicial
2. Ler o texto bíblico: Salmo 24
3. Tempo para a meditação
4. Deixar repercutir as palavras:

5. Pistas para a prática da comunhão:

- Promover retiros e campanhas para a animação missionária da comunidade.
- Setorizar o território paroquial para identificar novos contextos e espaços para a missão.
- Animar a comunidade para um projeto de criação dos círculos bíblicos, em atitude constante de "saída".
- Ser uma comunidade missionária reconhecendo que o mundo clama pela presença da Igreja.

6. Oração final

Referências

BENTO XVI. *Jesus de Nazaré*. Primeira parte: do Batismo no Jordão à transfiguração. São Paulo: Planeta do Brasil, 2007.

Bíblia Sagrada. Petrópolis: Vozes, 2012

Catecismo da Igreja Católica. Edição Típica Vaticana. São Paulo: Loyola, 2000.

CELAM. *Documento de Aparecida* – Texto conclusivo da V Conferência Geral do Episcopado Latino-Americano e do Caribe. 2. ed. Brasília/São Paulo: CNBB/Paulinas, Paulus, 2007.

CONCILIO VATICANO II. *Constituições, decretos e declarações do Concílio Ecumênico Vaticano II*. São Paulo: Paulus, 2001.

CONFERÊNCIA NACIONAL DOS BISPOS DO BRASIL. *Cristãos leigos e leigas na Igreja e na sociedade* – Doc. 105. Brasília: Edições CNBB, 2016.

FORTE, B. *A essência do cristianismo*. Petrópolis: Vozes, 2003.

FRANCISCO. *Angelus III domingo de advento "gaudete"*. Cidade do Vaticano, 15 dez. 2013. https://www.vatican.va/content/francesco/pt/angelus/2013/documents/papa--francesco_angelus_20131215.html, postado em: 15/12/2013. Acesso em: 21/11/2022.

FRANCISCO. *Angelus*. Cidade do Vaticano, 6 fev. 2022. https://www.vatican.va/content/francesco/pt/angelus/2022/documents/20220206 angelus.html

FRANCISCO. *Audiência geral*. Cidade do Vaticano, 14 set. 2016. https://www.vatican.va/content/francesco/pt/audiences/2016/documents/papa-francesco_20160914_udienza-generale.html

FRANCISCO. *Audiência geral*. Cidade do Vaticano, 15 dez. 2021. https://www.vatican.va/content/francesco/pt/audiences/2021/documents/papa-francesco_20211215_udienza-generale.html

FRANCISCO. *Audiência geral*. Cidade do Vaticano, 21 mar. 2018. https://www.vatican.va/content/francesco/pt/audiences/2018/documents/papa-francesco_20180321_udienza-generale.html, postado em: 21/03/2018. Acesso em: 22/11/2022.

FRANCISCO. *Carta Encíclica Fratelli Tutti sobre a Fraternidade e Amizade Social*. São Paulo: Paulus, 2020.

FRANCISCO. *Discurso aos catequistas vindos a Roma em peregrinação por ocasião do ano da fé e do congresso internacional de catequese*. Cidade do Vaticano, 27 set. 2013. https://www.vatican.va/content/francesco/pt/speeches/2013/september/documents/papa-francesco_20130927_pellegrinaggio-catechisti.html

FRANCISCO. *Discurso aos catequistas vindos a Roma para o Congresso Internacional dos Catequistas*. Cidade do Vaticano, 10 set. 2022. https://www.vatican.va/content/francesco/pt/speeches/2022/september/documents/20220910-congresso-int-cate chisti.html

FRANCISCO. *Discurso em viagem apostólica a Sarajevo (Bósnia-Herzegovina), encontro com os jovens*. Cidade do Vaticano, 6 jun. 2015. https://www.vatican.va/content/francesco/pt/speeches/2015/june/documents/papa-francesco_20150606_sarajevo-giovani.html

FRANCISCO. *Exortação apostólica Evangelii Gaudium* – Sobre o anúncio do Evangelho no mundo atual. Brasília: Edições CNBB, 2013.

FRANCISCO. Homilia da santa missa e procissão eucarística na solenidade do Santíssimo Corpo e Sangue de Cristo. Roma, 23 jun. 2019. https://www.vatican.va/content/francesco/pt/homilies/2019/documents/papa-francesco_20190623_ome lia-corpusdomini.html

FRANCISCO. *Meditações matutinas na santa missa celebrada na Capela da Casa Santa Marta*. Cidade do Vaticano, 7 jun. 2018a. https://www.vatican.va/content/francesco/pt/cotidie/2018/documents/papa-francesco-cotidie_20180607_memoria-esperanca.html

FRANCISCO. *Meditações matutinas na santa missa celebrada na Capela da Casa Santa Marta*. Cidade do Vaticano, 19 out. 2018b. https://www.vatican.va/content/francesco/pt/cotidie/2018/documents/papa-francesco-cotidie_20181019_fermento-espirito.html

GIBELLINI, R. *A teologia do século XX*. São Paulo: Loyola, 1998.

GIL, P.C. *Terapia do perdão*: caminho pessoal e comunitário para a paz. Petrópolis: Vozes, 2022.

JOÃO PAULO II. *Carta apostólica Novo Millennio Ineunte* – Ao episcopado, ao clero e aos fiéis no termo do grande Jubileu do Ano 2000, São Paulo: Paulinas, 2001.

JOÃO PAULO II. *Carta encíclica Ecclesia de Eucharistia* – Sobre a Eucaristia na sua relação com a Igreja. 5. ed. São Paulo: Paulinas, 2003.

JOÃO PAULO II. *Exortação apostólica Familiaris Consortio* – Sobre a Função da Família Cristã no mundo de hoje. 24. ed. São Paulo: Paulinas, 2021.

JOÃO PAULO II. *Exortação apostólica Pós-sinodal Pastores Dabo Vobis* – Sobre a formação dos sacerdotes nas circunstâncias atuais. 8. ed. São Paulo: Paulinas, 2019.

JOÃO XXIII. *Carta encíclica Mater et Magistra* – Sobre a recente evolução da questão social à luz da Doutrina Cristã. 13. ed. São Paulo: Paulinas, 2018.

PAULO VI. *Carta encíclica Ecclesiam Suam* – Sobre os Caminhos da Igreja. 4. ed. São Paulo: Paulinas, 2015.

PAULO VI. *Decreto Christus Dominus sobre o múnus pastoral dos bispos na Igreja.* Cidade do Vaticano, 28 out. 1965. https://www.vatican.va/archive/hist_councils/ii_vatican_council/documents/vat-ii_decree_19651028_christus-dominus_po.html

PAULO VI. *Exortação apostólica Evangelii Nuntiandi* – Sobre a evangelização no mundo contemporâneo. 22. ed. São Paulo: Paulinas, 2019.

PONTIFÍCIO CONSELHO PARA A PROMOÇÃO DA NOVA EVANGELIZAÇÃO. *Diretório para a Catequese.* São Paulo: Paulus, 2020.

ROCHE, A. *Apóstola dos apóstolos.* https://www.vatican.va/roman_curia/congregations/ccdds/documents/articolo-roche-maddalena_po.pdf

Conecte-se conosco:

 facebook.com/editoravozes

 @editoravozes

 @editora_vozes

 youtube.com/editoravozes

 +55 24 2233-9033

www.vozes.com.br

Conheça nossas lojas:
www.livrariavozes.com.br

Belo Horizonte – Brasília – Campinas – Cuiabá – Curitiba
Fortaleza – Juiz de Fora – Petrópolis – Recife – São Paulo

  Vozes de Bolso

EDITORA VOZES LTDA.
Rua Frei Luís, 100 – Centro – Cep 25689-900 – Petrópolis, RJ
Tel.: (24) 2233-9000 – E-mail: vendas@vozes.com.br